JN085581

会社別就活ハンドブックシリーズ

2025

山崎製パンの
就活ハンドブック

就職活動研究会 編
JOB HUNTING BOOK

はじめに

　2021年春の採用から，1953年以来続いてきた，経団連（日本経済団体連合会）の加盟企業を中心にした「就活に関するさまざまな規定事項」の規定が，事実上廃止されました。それまで卒業・修了年度に入る直前の3月以降になり，面接などの選考は6月であったものが，学生と企業の双方が活動を本格化させる時期が大幅にはやまることになりました。この動きは2022年春そして2023年春へと続いております。

　また新型コロナウイルス感染者の増加を受け，新卒採用の活動に対してオンラインによる説明会や選考を導入した企業が急速に増加しました。採用環境が大きく変化したことにより，どのような場面でも対応できる柔軟性，また非接触による仕事の増加により，傾聴力というものが新たに求められるようになりました。

　『会社別就職ハンドブックシリーズ』は，いわゆる「就活生向け人気企業ランキング」を中心に，当社が独自にセレクトした上場している一流・優良企業の就活対策本です。面接で聞かれた質問にはじまり，業界の最新情報，さらには上場企業の株主向け公開情報である有価証券報告書の分析など，企業の多角的な判断・研究材料をふんだんに盛り込みました。加えて，地方の優良といわれている企業もラインナップしています。

　思い込みや憧れだけをもってやみくもに受けるのではなく，必要な情報を収集し，冷静に対象企業を分析し，エントリーシート作成やそれに続く面接試験に臨んでいただければと思います。本書が，その一助となれば幸いです。

　この本を手に取られた方が，志望企業の内定を得て，輝かしい社会人生活のスタートを切っていただけるよう，心より祈念いたします。

就職活動研究会

Contents

第1章

山崎製パンの会社概況

会社によって選考方法は千差万別。面接で問われる内容や採用スケジュールもバラバラだ。採用試験ひとつとってみても，その会社の社風が表れていると言っていいだろう。ここでは募集要項や面接内容について過去の事例を収録している。

また，志望する会社を数字の面からも多角的に研究することを心がけたい。

✔ 経営理念・経営方針

■経営基本方針

綱領

(1) わが社は、企業経営を通じて社会の進展と文化の向上に寄与することを使命とし、個人の尊厳と自由平等の原理に基づき、いのちの道の教えの言葉に従い、困難に屈することのない勇気と忍耐とによって、神のみこころにかなう永続する事業の実現を期すこと。

(2) われわれは、常に良きものへ向って絶えず進歩しつづけるため、各人が自由な決心に基づき、正しき道につき、断固として実行し、自主独立の協力体制を作り、もって使命達成に邁進すること。

具体方針

21世紀のヤマザキは、新しいヤマザキの精神と新しいヤマザキの使命に導かれて、いのちの道の教えの言葉に従い、すべての仕事を種蒔きの仕事から開始する「部門別製品施策・営業戦略」、「小委員会によるなぜなぜ改善」を行ない、次の六つの具体方針の実践、実行、実証に邁進する。

① 最高の品質と最善のサービス（今日到達しうるベストクオリティー・ベストサービスの実践、実行、実証）を目標とし、品質は今到達しうる最高のものであり、新鮮であること。 それは製品、組織、仕事、工場、財産並びに設備のなかに表わさるべきこと。

② 充実した効率のよい積極的な組織体を作りあげ、そして維持拡充していくため、あらゆる可能の努力を注ぐこと。 その組織体の人々は、会社を信頼し、仕事が喜びであり、普通ではできない仕事を完遂することが個人的な願望にまでなっていること。

③ 入手できる限りの、事業に独特な要求に適合した最善の設備と施設を備えること。 この設備や施設の調達は、維持運営が経済的であることと会社の組織に最も仕事をしやすい道具を与えるという二つの観点から考えられること。

④ 産業界と一般社会との間に協力関係を創り出し、維持していくため、実行可能な一切のことを行なっていくこと。

⑤ 業務の遂行に関するすべての決定を行なうにあたって、常にその一件を処理する上での便宜よりも、事業全体にとって何が正しいか、何が最善であるかを中心に考えること。

⑥ 顧客に接するときは、常に公明正大で、かつ相手が何を欲しているかを充分に考慮すること。 配達や品質やサービスについては、その成果が最優秀なものになるように努力すること。質やサービスについては，その成果が最優秀なものになるように努力すること。

✔ 会社データ

本社	〒101-8585 東京都千代田区岩本町3-10-1 TEL.03-3864-3111
代表取締役社長	飯島延浩
設立	昭和23年6月21日
資本金	110億1,414万3千円
売上高	10,770億円(連結)、7,686億円(単体)
従業員数	19,750人
販売店舗	109,135店舗
主な事業内容	パン、和・洋菓子、調理パン・米飯類の製造・販売、製菓・米菓の販売、ベーカリーの経営、コンビニエンスストア事業

2022年12月31日現在

✔ 仕事内容

生産技術職

昭和23年（1948年）、ヤマザキはパンの委託加工所として、事業をスタートしました。

ヤマザキでは、食パン・菓子パンに代表されるパン以外に、和菓子や洋菓子など様々な製品を作っています。

品質（良品）・数量（定数）・時間（定時納品）という3要素がそろって初めてお客様に信頼されます。その信頼を支える責任ある業務ですから、やりがいも大きくなります。また、多数の製品を扱うので製品知識も磨かれていきます。

パンづくりの基本的な流れは、「仕込」「成型」「焼成」「包装」です。

高品質で安全な製品に仕上げるため、共に働く仲間とのチームプレーによって製品を作り上げる喜びは格別です！

営業職

自社物流（ルートセールス）

・フレッシュサービスと流通の仕組みを理解
・お取引先様との信頼関係の構築

販売（マーケットクルー）

・消費者の方と直接的なコミュニケーション
・食と健康についての様々な情報提供

お客様・販売店様のニーズを知ることで「顧客本位」の実現へ繋がります。

店舗運営職

ヤマザキが運営する自社業態店で店舗業務（レジ接客・商品陳列・売場づくり・店内調理など）を学び、将来はマネージャーとして経営をコンサルティングしたり、豊富な製品アイテムを開発するのが店舗運営職の仕事です。

お客様のニーズを捉えた店舗づくりでお客様に愛されるお店を目指します。

専門職

研究

お客様のニーズにお応えしていく革新的な技術を用いた製品開発や、製品の品

質の安定，向上に関わる研究活動，さらには使用原料の分析等を行っています。現在は近年の高い健康志向に対応すべく、健康機能食品や機能性付加製品の開発に力を入れています。

エンジニアリング

高品質で安全な製品を効率的にかつ衛生的に生産していく為の機械設備のメンテナンス、新規導入、開発の業務に携わります。

このほか、工場で使われる動力エネルギーの管理や工場の環境対策に関わる業務に携わっています。

食品衛生

原材料の検査や製品の食品安全衛生管理、お客様からのお問合せ対応など食の安全・安心の徹底のために日々活動しています。

法律で義務付けられている数値より厳しい自社基準を設定し、その基準に照らして、最適な改善策を考案し、製造現場とともに改善することに努めています。

社内 SE

各部門の業務処理支援を行うため、IT 技術を活用しながら様々なデータを整理・加工して各部門に提供しています。

そのために業務のシステム化や新技術を導入したり、各部門の要望に沿ってシステムの設計・開発を進め、プログラムの改修・改善によって業務の効率化や精度向上を図っています。

管理部門

ヤマザキが安定した事業経営を継続し、従業員が安心して働くことができるよう、多方面からサポートしていくのが、管理部門の仕事です。入社時から経験を積んで頂き、エキスパートを目指します。

総務：防火管理・環境対策・官公庁対応など

法務：契約審査・知的財産管理・株主総会事務局など

人事：採用・教育研修・安全衛生管理・労政企画・労務管理など

経理：出納管理・原価計算・予算編成・月次決算業務など

購買：原材料調達（国内外）・原材料受発注・在庫管理など

海外事業：ベーカリー事業・食品市場調査（海外）など

✔ 先輩社員の声

いいパンとは何か？問いかけながら，今日もパンと向き合っている。

【生産・研究部門／2008年入社】
一生懸命に作ると，パンの顔がよくなっていく。
だから，毎日頑張れるのだと思います。

名古屋工場の食パン課は全部で60名ほどのスタッフが活躍しています。私は食パン課の班長として，仕込とオーブンの工程を担当。食パンの材料を混ぜて，生地を作り，焼き上げるまでの工程を管理しています。

ヤマザキはお客さまのニーズに応えるために，どんどん新しい製品をお届けしています。そのため，手作業の部分も多いのですが，食パンに関してはほぼ自動化されています。私自身もヤマザキで仕事を始めたばかりの頃は，「自動化されているんだから，工夫のしようもないのではないか」と思ったこともありました。でも，実際には同じ食パンでも毎日味も表情も違ってくるのです。

省人，省力，機械化がきちんとなされていて，原料にも混ぜ物が少ない。しかし，だからこそ生地で勝負するしかありません。その日の気温，天候が味に直接影響します。さらに，工場が24時間動いていますので，途中で引き継ぐ際も，どのような仕上がりを想定して生地を作ったのか，ということをきちんと情報共有する必要があります。一度に600キロの生地を仕込むのですが，その600キロの中の水の割合を1キロ分変更するだけで，パンの味はまったく変わってしまいます。

私自身も勤務し始めてから2年ほどしてわかるようになってきたのですが，生地によって，パンの表情が変わるのです。食パンの場合，切断した面の見た目を内相（ないそう）と言うのですが，パンの表情である内相がパンによって微妙に違うのです。もちろん，おいしいパンの許容範囲の中での差異ですが，毎日毎日，より「いい顔をしたパン」を提供できるように頑張っています。

米国のパン学校への留学で学んだことは，失敗することの大切さでした。

2015年にアメリカのパン学校へ留学するというAIB留学に参加しました。アメリカで半年間過ごしながら，パン作りを学ぶという経験はかけがえのないものになりました。もっとも貴重な体験になったのは，授業でどんどん失敗をさせてくれたこと。会社では「失敗しない」ということが優先事項になります。お客さまの元に届ける製品に不備があってはならない。だからこそ，みんなでサポートし合いながら，ミスのないように努力するわけです。

でも，留学先の学校では率先してどんどん失敗を経験する。例えば，生地を作るときに規定以上に塩を入れてみたり，水を増やしてみたり。あらゆる失敗を実践することで，「失敗するとこうなる」ということを身をもって知ることができました。実際に仕事をしているときにも，異常のある生地をみたとき，「あ，これは水が多すぎるな」とか「塩が多いんじゃないか」といった予測が立てやすくなりました。

ヤマザキは留学制度があったり研修制度が充実していたり，意欲があればそれに応えてくれる風土があります。それを最大限に活かして成長したいと思います。自分ではいい生地が仕込めたと思っても上司からするとまだまだと言われてしまいます。シンプルだけど奥深い。そんなパン作りを極めていきたいです。

ヤマザキで営業活動することで，
新しいトレンドを創り出したい。

【営業部門／ 2011 年入社】
コンビニへの提案を通じて，
世の中の動きが見えてくるのが楽しいです。

コンビニチェーンへ，ヤマザキの製品を提案しています。ヤマザキのブランドで提案する製品もあれば，プライベートブランドとして提案するものもあります。3 人でひとつのチェーンを担当していて，まだ半人前の私は日々勉強の連続です。

この仕事をしていて難しい点は，目まぐるしく変わる市場のトレンドを捉え，先取りして提案していくところです。市場は常に変化します。お客さまの求めているものを考え，製品に活かしていく。いくら素晴らしい製品でもお客さまの手にとっていただけなければ意味がありません。正解はひとつではないからこそ，難しくて楽しい仕事なのだと思います。

現在は，チェーンの要望に応じてプライベートブランド製品を提案するという仕事が 8 割をしめています。コンペになることも多く，毎週 50 品近く提案することもあります。工場でサンプルを作ってもらって，出来たサンプルを持ってコンビニチェーンの商品本部へ提案に行きます。

ただサンプルを食べてもらうのではなく，情報収集と分析を行い，しっかりとプレゼンテーションすることが重要です。情報をひとつのストーリーとして伝え，製品を店頭に並べていただくことが一つのトレンドを生み出していくのだという気持ちを伝えるようにしています。

コンビニへの提案は，世の中の動向が見えてくるようで，やりがいがあります。

数字を追うだけではなく，
トレンドを生み出すような仕事がしたい。

私がヤマザキに入社した動機も実は新しいトレンドを生み出すことにありました。学生時代から広告やマーケティングに興味があったのですが，ヤマザキなら食文化を通じて新しい動きを創り出すことができるのではないか，と思ったのです。

いま所属している部署に「みたらし団子の日」をつくった人がいます。「み」（3 日）たら「し」（4 日）だん「ご」（5 日）という語呂合わせから毎月 3 日 4 日 5 日は「みたらし団子の日」と，日本記念日協会の記念日にも認定されています。

製菓メーカーがバレンタインを一大ムーブメントにしたように，ヤマザキを通じて新しいトレンドを生み出して行きたいと考えています。毎日の食卓を支えるパンという食の根幹を担う会社だからこそ，営業として数字を追うだけではなく，世の中の食文化に影響を与えるような仕事ができるかもしれないと思います。

もちろん，そのためにはもっと勉強をして，日々の仕事をしっかりとこなせるようになる必要があると思っています。まだまだ，提案している製品が「採用される・されない」ということに一喜一憂する毎日。じっくりと仕事に取り組んで，将来は文化や伝統として根付くようなものを作っていきたいと思っています。

✔ 募集要項

掲載している情報は過去ものです。
最新の情報は各企業のHP等を確認してください。

募集職種	生産技術（食パン・菓子パン・和菓子・洋菓子） 営業（量販・ＣＶＳ・新市場・業態開発・業務） 店舗運営（CVS事業(OFC、商品MD、店長、トレーナー)、 ベーカリー事業（マネージャー、店長）） 管理部門（総務・法務・人事・経理・購買・海外事業） 専門職（研究・エンジニアリング・食品衛生・社内ＳＥ）
採用学部・学科	研究・食品衛生＝理系学部学科対象 エンジニアリング＝機電系学部学科対象 上記以外＝全学部全学科対象
初任給	2023年4月実績 ◆院了：223,500円 ～ 245,400円 ◆大卒：216,500円 ～ 238,400円 ※配属事業所によって地域手当が異なる
昇給・賞与	昇給＝年1回（4月） 賞与＝年2回（6月，12月）
勤務時間	（例）8：15～17：15（職種により交替制勤務あり）
勤務地	本社および全国28事業所
休日	年間計116日
休暇	年次有給，慶弔，産前産後，育児介護休暇など
福利厚生	諸制度：健康・厚生年金・雇用・労災保険、財形貯蓄、 社内預金、住宅貸付金、見舞金、社員持株制度、企業年 金基金、グループ保険、退職金制度、出産・育児支援など 諸施設：各事業所に独身寮・食堂・売店を完備（寮費は、 3000円～6000円／月）、研修センター（箱根・市川）、 契約レジャー施設

✔ 採用の流れ （出典：東洋経済新報社『就職四季報』）

エントリーの時期	【総・技】2月～継続中			
採用プロセス	【総・技】説明会（必須）・ES提出・適正検査→面接（3～4回）→内々定			

採用実績数

	大卒男	大卒女	修士男	修士女
2022年	272 （文：157 理：85）	87 （文：60 理：27）	5 （文：0 理：5）	3 （文：0 理：3）
2023年	169 （文：105 理：64）	86 （文：39 理：47）	11 （文：0 理：11）	4 （文：0 理：4）
2024年	213 （文：131 理：82）	147 （文：87 理：60）	12 （文：0 理：12）	9 （文：0 理：9）

採用実績校

【文系】
（大学）日本大学，立命館大学，関西大学，近畿大学，関西学院大学，追手門学院大学，法政大学，青山学院大学，明治大学，東京農業大学，同志社女子大学　他

【理系】
（大学院）名古屋大学，大阪大学，芝浦工業大学，東京大学，九州大学，徳島大学　他
（大学）近畿大学，日本大学，東京農業大学，摂南大学，立命館大学，龍谷大学，中部大学　他

✔2023年の重要ニュース (出典:日本経済新聞)

■山崎製パン、パン値上げ　7月から平均7%（4/27）

　山崎製パンは7月1日出荷分から食パンと菓子パンを平均7%値上げする。小麦粉の価格上昇の影響が大きい食パンを平均7.6%、菓子パンを平均6.8%値上げする。食パンの値上げは2022年7月以来1年ぶり。政府が4月に輸入小麦の売り渡し価格を値上げしたことなど、原材料高を価格に反映する。

　主力の食パン「ダブルソフト」や「ロイヤルブレッド」、菓子パン「ルヴァンバターロール」などが対象になるもようだ。菓子パンでは2月から「ランチパック」の主力3商品を値上げするなど、今年に入ってから価格改定をしていた。飯島延浩社長は2月の決算会見で「小麦粉の価格が上がれば、今年もパンの値上げをせざるを得ない」と話していた。

■山崎製パン、仙台の「喜久水庵」監修の抹茶ロール（6/29）

　山崎製パンはお茶の井ケ田（仙台市）が展開する菓子販売店「喜久水庵」監修の商品「あん＆抹茶クリームロール」を7月1日に販売する。東北地方のスーパーやコンビニを中心に取り扱う。1包装に120グラムの抹茶ロールが1個入っている。山崎製パンがお茶の井ケ田とコラボするのは初の試みで、観光客やインバウンド需要の取り込みを狙う。

　もちもち食感のスポンジ生地でこしあんと抹茶クリームを包んだ。抹茶クリームは独自の配合で抹茶の自然な苦みと、ほのかな甘さを出した。山崎製パンが約1年かけてお茶の井ケ田と協力して開発した。

■山パン、23年12月期純利益62%増と3円増配　値上げ寄与（8/1）

　山崎製パンは1日、2023年12月期の連結純利益が前期比62%増の200億円になる見通しと発表した。従来見通しを50億円上回り、17年12月期（251億円）以来6期ぶりの高水準の利益になる。原材料高に対応してパンを値上げしたことに加え、低価格品などの投入で需要を取り込んだことが奏功した。年間配当は前期比3円増の25円に増やす。

　売上高は5%増の1兆1330億円と、従来予想を250億円上回る見通し。小麦や原材料価格の上昇に対応し、22年7月から2度にわたってパンを値上げした。値上げ効果に加え、高付加価値品や低価格品などの品ぞろえ強化や、外出再開によるコンビニなど流通事業の回復を反映する。45%増の380億円を見込

む経常利益は過去最高益となる。

　23 年 1 ～ 6 月期の連結決算は、売上高が前年同期比 7% 増の 5639 億円、純利益が 56% 増の 140 億円だった。値上げが続く食品の中で、相対的な割安感からパンの需要が高まり、菓子パンの販売数量が 5% 増えた。為替差益や助成金収入の減少があったものの、本業の好調で吸収した。

■山パン、23 年 12 月期純利益最高に　値上げ後もパン好調（12/21）

　山崎製パンは 21 日、2023 年 12 月期の連結純利益が前期比 2.2 倍の 275 億円になる見通しと発表した。従来見通しを 75 億円引き上げ、17 年 12 月期以来 6 期ぶりに最高益を更新する。菓子パンを中心とする包装パンの販売が値上げ後も好調を維持していることに加え、負ののれん発生益を計上することも利益を押し上げる。

　売上高は 9% 増の 1 兆 1720 億円、営業利益は 79% 増の 395 億円とそれぞれ 390 億円、55 億円上方修正した。外出・旅行機会の増加に伴い、消費者がコンビニエンスストアなどでパンを買う機会が増えている。山パンは低価格帯の商品や小型パン複数個入り商品の品ぞろえも増やしており、小腹を満たしたいニーズに対応している。

　輸入小麦の売り渡し価格や砂糖などの原材料高を反映し、価格転嫁のために 7 月から食パンを平均 7.6%、菓子パンを平均 6.8% 値上げしたことも収益増に効く。食品メーカーの多くが値上げ後の販売数量減少への対応を迫られるなか、山パンは 7 ～ 9 月期にも菓子パンの数量が 2.5% 増え、「10 月以降も引き続き販売は好調」という。

　コスト高のなかで生産部門の効率化をはかったことも利益率改善に寄与している。全国 26 カ所の工場で地域の注文に対応してパンを製造しているが、出荷数の多い主力製品の製造拠点をなるべく集約することで製造コストを抑えた。

　このほか、特別利益の計上も純利益の最高益更新に貢献する。3 月に神戸屋（大阪府豊中市）から買収した包装パン事業子会社を、重要性が高まっていることから 23 年 10 ～ 12 月期から連結子会社にすることに伴い、負ののれん発生益約 26 億円を特別利益に計上する。

　今後は為替の円安や物流の人手不足でコストが膨らむリスクはつきまとうが、小麦粉価格が一時的に下がっていることなどが追い風になりそうだ。「経営陣が経常利益率 4% 以上を意識し、利益が出る体質に変化する積極的な姿勢が見え始めた」（国内証券）と評価する声もある。23 年 12 月期の売上高経常利益率は 3.7% を見込む。

✔2022年の重要ニュース (出典:日本経済新聞)

■菓子パンで特殊詐欺予防、山崎製パンと千葉県警がコラボ (4/25)

　電話による特殊詐欺の被害を減らそうと、山崎製パンが千葉県警と連携し、パッケージに注意喚起のメッセージなどを記した菓子パン2種を売り出した。高齢者やその家族に買い求めてもらい、詐欺被害の防止につなげる。

　発売したのは「ホイップつぶあんぱん」と「ロールケーキ（ミルククリーム＆ラズベリージャム）」で、いずれも参考価格は135円。パッケージの表にはパトカーのイラストをあしらい、県警が被害防止へ募集した川柳の最優秀作品を紹介。裏には警察庁の対策ページを表示できるQRコードを載せた。

　同社が県内で創業し、千葉工場（千葉市）もあることから、県警の協力要請を受けて商品化した。主に県内のスーパーやコンビニエンスストアで5月末まで2カ月間限定で販売する。

　県警が2021年に県内で認知した特殊詐欺被害は1103件。前年より114件減ったが、被害額は約26億円と2億円近く増えた。被害が高額化しており、県警は予防策などの発信のほか、電話に付けると通話の録音を警告する機器を配るといった対策を強める。

■山崎製パン、食パンなど値上げ　7月から平均7%（4/27）

　山崎製パンは7月1日出荷分から食パンと菓子パンを平均約7%値上げする。小麦粉の価格上昇の影響が大きい食パンを平均8～9%、菓子パンを平均4～5%値上げする見込みだ。同社は1月にも値上げしており、パン製品を同じ年度に2度値上げするのは初めて。政府が4月に過去2番目の引き上げ幅となる輸入小麦の売り渡し価格を発表したことに加え、原材料高などを受けて価格に反映する。

　主力の食パン「ロイヤルブレッド」や「超芳醇」、菓子パン「ロイヤルバターロール」などが対象になるもようだ。2021年10月に値上げした和洋菓子は含まない。

　21年10月の和洋菓子の値上げについて、飯島延浩社長は2月の決算会見で「原料高を先取りして吸収しようとしたら販売の勢いを失った。失敗だった」と話す。21年12月期決算では和菓子事業の売上高は前の期比3%減と失速した。

　山崎製パンは1月1日にも、18年7月以来3年半ぶりに食パンと菓子パンを平均7.3%値上げしている。政府が21年の4月、10月と相次ぎ輸入小麦の売り渡し価格を引き上げたことに対応した。1月からのパン製品値上げでは低価

格や中価格帯の商品も合わせて展開し、販売数量の落ち込みを抑えた。7月からの値上げでも1月と同様、低価格の商品などを展開する予定だ。

食品各社の値上げは止まらない。6月1日から日清食品の「カップヌードル」や東洋水産の「マルちゃん」などのカップ麺、明治や森永乳業のアイスクリームなどを値上げする予定。輸入小麦の政府売り渡し価格の上昇を受けて、日清製粉やニップンなど製粉各社は6月20日納品分から業務用の小麦粉を値上げすると発表した。製パン最大手の山崎製パンが値上げすることで、今後同業他社にも広がる可能性がある。

世界の小麦主産地であるロシアやウクライナの政変により、小麦相場は不透明感を増している。小麦の国際指標である米シカゴ先物価格（7月物）は26日時点で1ブッシェル10.95ドルと、前年同期比で約5割高になっている。この水準が続けば半年後の10月の政府売り渡し価格もさらに上昇する懸念がある。

■山崎製パン、神戸屋の包装パン事業買収　関西で生産強化（8/26）

製パン最大手の山崎製パンは26日、業界4位の神戸屋（大阪市）の包装パンと同社子会社のデリカ食品の製造販売事業を買収すると発表した。業績の悪化で事業見直しを進める神戸屋から譲渡の打診があった。山崎製パンは神戸屋の関西の基盤を引き継ぎ、生産体制の強化につなげる。譲渡額は非公表としている。

山崎製パンは26日に神戸屋と事業譲渡契約を締結した。公正取引委員会などの承認が得られれば、2023年2月28日付けで譲り受ける。神戸屋の包装パンの商品ブランドは当面維持する。23年12月期業績への影響については「精査中」としている。

神戸屋の21年12月期の売上高は約390億円（20年12月期は約430億円）だった。新型コロナウイルスの感染拡大やロシア・ウクライナ情勢の混乱によるパン原料の小麦価格高騰などの影響を受けて事業環境が悪化している。今後は冷凍パンやベーカリー・レストランの事業に専念することを決め、山崎製パンに譲渡を打診していた。

✔2021年の重要ニュース (出典：日本経済新聞)

■山崎製パン、イタリアをイメージした菓子パン（5/26）

　山崎製パンはイタリア・ローマ発祥のパン菓子を再現した菓子パン「マリトッツォ」を6月1日に発売する。やわらかい食感のブリオッシュ生地にホイップクリームをはさんだ。生地にはオレンジピールを練り込み、爽やかな味に仕上げた。スーパーやコンビニエンスストアで展開する。

　パン生地には卵黄などを使用してコクのある味に仕上げた。ホイップクリームには北海道産生クリームを使用した。イチゴやバナナなど好みの果物をはさむなど手軽にアレンジができる。参考価格は124円。

　マリトッツォは丸い形のやわらかいパン生地に生クリームを挟んだイタリア・ローマの名物。現地では朝食にコーヒーなどとあわせて食べられており、最近日本でも人気が高まっている。

■山崎製パン、高級食パンの「超芳醇ゴールド」（7/1）

　山崎製パンは主力ブランド「超芳醇」から、高級食パンの「超芳醇ゴールド」を発売した。厳選した小麦粉を使用するなど原材料にこだわり、独自製法でキメが細かくもっちりした食感に仕上げた。新型コロナウイルス下で巣ごもり需要が高まっており、一般家庭向けの需要を見込む。

　小麦の粒の中心部近くからしか取れない灰分量の少ない小麦粉を使用した。小麦粉の一部をお湯でこね、生地を一昼夜熟成させる「湯捏（ゆごね）製法」で小麦の自然な甘みを引き出した。自家製の発酵種を使い、バターや生クリームでコクのある濃厚な味わいにした。

　参考価格は1斤（4、5、6枚入り）で各300円、2分の1斤（2、3枚入り）で各160円。北海道を除く全国の「デイリーヤマザキ」や「ヤマザキショップ」、スーパーなどで販売する。

■山崎製パン、和洋菓子を平均7%値上げ　2015年以来（8/18）

　山崎製パンは18日、10月1日出荷分から和洋菓子を平均7%値上げすると発表した。対象はあわせて173品目で、和洋菓子の値上げは2015年以来となる。原料となる鶏卵や砂糖、油脂類などの価格が高騰しているため、価格に転嫁する。

　洋菓子は平均7.4%、和菓子を平均6.5%引き上げる。洋菓子「まるごとバナナ」

や「大きなツインシュー」、和菓子「北海道チーズ蒸しケーキ」などが値上げの対象となる。

■山崎製パン、柿の種使った新商品　阿部幸製菓とコラボ (9/29)

　山崎製パンは、米菓製造の阿部幸製菓（新潟県小千谷市）とコラボレーションした「ランチパック」の新商品を発売する。オイルコーティングした柿の種と砂糖入りピーナッツクリームをパンにサンドした。10月1日から新潟県と山形県の一部地域で販売する。

　新商品の名称は「ランチパック　ピーナッツバター風味　柿の種入り　阿部幸製菓監修」で参考小売価格は 140 円（税別）。柿の種のザクザクとした食感と、クリームのシャリシャリとした食感を楽しめるよう仕上げた。

　商品を監修する阿部幸製菓は同商品の発売に合わせ、2020 年に販売を終了した「柿の種のオイル漬け　ピーナッツバター」（希望小売価格 864 円）を数量限定で同社サイトでの通信販売のほか、10 月 1 日から新潟県内で復刻販売する。

■山崎製パン、食パン・菓子パンを値上げ　22 年 1 月から (11/1)

　山崎製パンは 1 日、2022 年の 1 月 1 日出荷分から食パンと菓子パンを値上げすると発表した。対象は 247 品目と全体の 3 割超に達し、出荷価格を平均 7.3％値上げする。同社がパン製品を値上げするのは 2018 年 7 月以来 3 年半ぶり。政府が 4 月と 10 月に相次ぎ輸入小麦の売り渡し価格を引き上げたことに加え、原材料価格の高騰などを受けて価格に転嫁する。

　食パンは平均 9.0％、菓子パンは平均 6.8％ 値上げする。主力の食パン「ロイヤルブレッド」や「超芳醇」、菓子パン「高級つぶあん」や「ルヴァンバターロール（6 個入）」などが対象になる。同社はパン製品に先駆け、10 月 1 日出荷分から和洋菓子 173 品目を平均 7.0％ 値上げした。

✔ 就活生情報

企業研究をきちんと行っておくことが大切。面接だからと固くなりすぎずに，フラットに臨みましょう

総合職 2020卒

エントリーシート
・形式：採用ホームページから記入

セミナー
・選考とは無関係
・服装：リクルートスーツ
・内容：いたって普通の説明会

筆記試験
・記載無し

面接（個人・集団）
・雰囲気：和やか
・回数：2回
・質問内容：一次はWeb，二次は対面形式。企業理念を知っているか，どう思うか，他社との差別化点など

内定
・拘束や指示：内定連絡から承諾まで3週間の猶予
・通知方法：電話
・タイミング：予定より早い

● その他受験者からのアドバイス
・もともとは三次面接がある予定だが，二次面接で高く評価されるとそのまま内定

就活は大学入試と違って，明確な答えがありません。
一つ一つの縁を大切にしましょう

研究職 2020卒

エントリーシート

・形式：指定の用紙に手で記入
・内容：これまでに力を入れて取り組んできたことを3つ／うち1つを選択し，具体的な取り組みとそこで学んだ事を分かりやすく説明／当社のどのような点に共感し志望したか。当社でやりたい仕事（挑戦したいこと）

セミナー

・筆記や面接などが同時に実施される，選考と関係のあるもの
・内容：業界説明，企業紹介，若手社員との座談会。終了後に履歴書とリクルートカード（自己PR等をその場で記入，今後の選考で使う）を提出。東京本社での開催なので筆記試験はないが，選考に進むためには参加必須

筆記試験

・形式：Webテスト　科目：数学，算数／国語，漢字／性格テスト
・内容：説明会に参加後，メールでWeb適性検査の案内。TAP21

面接（個人・集団）

・雰囲気：和やか　回数：4回
・質問内容：1次面接 若手人事…志望動機／ガクチカ／希望職種／好きな商品／会社のイメージ／自分はどんな人だと言われるか。1.5次面接 中央研究所の所長…逆質問のみ。2次面接（実質最終）人事責任者…研究内容／アルバイト経験／他社の選考状況（その中で山崎製パンを選んだ理由）。意思確認面接ベテラン人事…入社してやってみたいこと／逆質問→その場で内々定，誓約書

内定

・拘束や指示：ネット，SNS等に書き込まない，他社の選考を辞退（拘束感はないため迷いを伝えれば待ってくれる可能性あり）

● その他受験者からのアドバイス

・面接通過の連絡が早い。2次面接から交通費が出る，常に印鑑は持ち歩く
・業界研究，企業研究，SPI対策はやっておいた方がいい

管理部門 2020卒

エントリーシート
・形式：指定の用紙に手で記入

セミナー
・選考とは無関係
・服装：リクルートスーツ
・内容：：営業職と生産技術職の２つに分かれた説明会。就活生が自身で選択

筆記試験
・形式：Webテスト
・科目：数学，算数／国語，漢字
・内容：SPIとは少し異なり，中学，高校受験の基礎問題程度のレベル。問題数が多い

面接（個人・集団）
・雰囲気：和やか
・回数：３回
・質問内容：一次…志望動機中心
　　　　　　二次…殆ど雑談
　　　　　　最終…意思確認（面接前から内々定が決まっていた）

内定
・通知方法：電話
・タイミング：予定より早い

● その他受験者からのアドバイス
・圧迫感などはない
・採用時は営業もしくは生産技術で採用されるが，この中から数名が人事，総務，法務などの管理部門になる様子

山崎製パンの中の好きなパンの名前などを，面接で聞かれるので，商品名は覚えていった方がいいと思います

営業職 2020卒

エントリーシート

・形式：指定の用紙に手で記入
・内容：志望理由，学生時代挑戦したこととそこから学んだこと，自分の専攻を選んだ理由と取り組

セミナー

・選考と関係のあるものだった
・服装：リクルートスーツ
・内容：説明会のみ。参加人数がかなり多い。会社についての概要や，先輩社員からの仕事紹介があった

筆記試験

・形式：マークシート
・科目：数学，算数／国語，漢字／性格テスト

面接（個人・集団）

・回数：3回
・質問内容：志望動機，学生時代に力を入れたことなど

内定

・通知方法：電話

● その他受験者からのアドバイス

・有価証券報告書，企業信用格付け，四季報，業界地図は確実に読んで準備したほうがいいと思う。有価証券報告書の中期計画の部分は，あらかじめ目を通して逆質問に生かすといい

内々定を辞退するのは，思ったよりも精神的に消耗する。受ける企業は絞ったほうがよいと思った

研究職 2020卒

エントリーシート

- 形式：指定の用紙に手で記入
- 内容：弊社のどこに魅力を感じたか，学生時代に力を入れたこと，学部を選んだ理由とどのような取り組みをして何を学んだのか

セミナー

- 選考と関係のあるものだった
- 服装：リクルートスーツ
- 内容：会社の強みなども説明されたので，参加したほうがいい

筆記試験

- 形式：記述式，マークシート
- 科目：数学，算数／国語，漢字／性格テスト
- 内容：熟語の言いかえ，図形の計算などが出てくる独自の筆記テスト

面接（個人・集団）

- 雰囲気：和やか
- 質問内容：会社の志望理由，企業理念をどう理解しているか，学生時代に力を入れたこと，希望職種についての理解

グループディスカッション

- 内容：新しいパンの考案。1グループ6～7人で30分くらい

内定

- 拘束や指示：その場で誓約書を記入すること，ネットに書き込みをしないことを求められた

● その他受験者からのアドバイス

- 推薦を使っても落ちるときは落ちるが，逆にエントリーした時点でまったく興味がなく，力を入れていなかったところでも通る時は通る。その辺りは運もあると思う

とにかく自己分析は大事。それによって自分の熱意の伝わり方も違ってきます。

生産技術職 2020卒

エントリーシート
・形式：指定の用紙に手で記入
・内容：自己PR，研究内容，志望動機

セミナー
・選考とは無関係
・服装：リクルートスーツ
・内容：先輩社員との座談会があった。技術体験会もあった

筆記試験
・形式：Webテスト
・科目：数学，算数/国語，漢字/性格テスト
・内容：SPIのようなもの

面接（個人・集団）
・雰囲気：和やか
・回数：3回
・質問内容：志望動機，自己PR，学生時代頑張ったこと，アルバイト，友人からの印象，山崎製パンの商品について，ほぼ雑談

グループディスカッション
・テーマ：山崎製パンの新商品を提案するもの

内定
・拘束や指示：拘束は特になし。一か月ほど猶予がもらえた
・通知方法：電話

食品会社ということで，清潔感のある恰好をいつも以上に意識して臨みました。また自分の言葉で話せるようにESを見直しました

営業・管理部門 2019卒

エントリーシート

- 形式：説明会にて手渡しで提出
- 当社のどのような点に共感し，志望したか。学生生活の中で最も力を入れて挑戦したことは何か。具体的にどのような取り組みを実行して，そこから何を学んだかわかりやすく説明してください。　等

セミナー

- 内容：山崎パンのグループ会社企業による合同説明会。
- 参加者は大量お土産をもらうことができ，早期選考のコースに乗ることができる

筆記試験

- 形式：Webテスト
- 科目：SPI（数学，算数／国語，漢字／性格テスト）

面接（個人・集団）

- 雰囲気：和やか
- 質問内容：今までの経歴と志望動機や自己PRなど，ESに書いた内容について多く質問されました。また転勤や研修などについて説明を受け，山崎緒案でやっていけるかどうか確認をされました

グループディスカッション

- テーマ：「新商品を考える」。話し合い〜商品立案・プレゼンまで行う

内定

- 拘束や指示：2018年5月，承諾検討期間はなし

● その他受験者からのアドバイス

- 志望度が高い会社なのであれば，面接は全く苦にならないと思います。逆に志望度が低ければ，志望動機や商品について深く聞かれたときに，うまく話すことができなくなると思います。しっかり商品について勉強をしたうえで，どのように将来働きたいかまで考えて臨むことをお勧めします

業界選択は適当ではなく３つくらいに絞り，１つの業界に最低３社は受けるようにしてください

営業職 2018卒

エントリーシート

・形式：指定の用紙に手で記入
・内容：志望理由，学生生活で力を入れたこと，専攻について

セミナー

・筆記や面接などが同時に実施される，選考と関係のあるものだった
・内容：普通の説明会。その時にESを配布され，次回の適性検査の予約をした

筆記試験

・形式：マークシート
・課目は，数学，算数／国語，漢字／性格テスト
・内容は，模試みたいな形式のマークシート

面接（個人・集団）

・質問内容：志望理由，やりたいこと，
　時間が長いため緊張が解け，雑談も多かった。途中から話が盛り上がりすごく
　楽しかった

グループディスカッション

・テーマ：「ヒットする商品を考える」

内定

・拘束や指示：意思確認面談でその場で内定を頂いた
・タイミング：予定通り

▶ その他受験者からのアドバイス

・実際の社員と話す機会が少ないため，内定が近づくにつれ不安が募る
・GD以降他の就活生と会えない

自己分析と，どれだけ会社が好きだという熱意が伝われば大丈夫だと思います。頑張って下さい

営業職 2018卒

エントリーシート

・形式：指定の用紙に手で記入
・内容：志望動機，学生時代に力を注ぎ最も成果に結びついた経験，大学での研究テーマ

セミナー

・選考とは無関係
・服装：リクルートスーツ
・内容：会社が主催するグループ合同説明会，山崎製パンだけの説明会に参加した

筆記試験

・形式：マークシート
・科目：数学，算数／国語，漢字／性格テスト
　SPI対策をしっかりやっておけば問題ない

面接（個人・集団）

・雰囲気：和やか　回数：4回
・質問内容：志望動機，学生時代に力を注いだこと，好きな商品，知っている商品，大学で学んでいること，なぜ営業職がいいのかなど

グループディスカッション

・テーマ：「ランチパックの新商品を考える」

内定

・拘束や指示：その場で内定をもらった。指示は特になかった

▶ その他受験者からのアドバイス

・2月にあるグループ合同説明会に参加すると，早い選考フローを用意してもらえるので，5月に内定が出る
・就職活動を辞めるというような指示はないものの，囲い込みがすごい

とにかく足を運んでいろいろな経験をつんで下さい。希望職種でなくても，話を聞くことで興味が沸いてくるかもしれません

総合職製造 2017卒

エントリーシート

・形式：指定の用紙に手で記入
・内容：志望動機，学チカ

セミナー

・筆記や面接などが同時に実施される，選考と関係のあるものだった
・服装：リクルートスーツ
・内容：企業紹介

筆記試験

・形式：マークシート
・科目：数学，算数／国語，漢字／性格テスト
・内容：一般常識

面接（個人・集団）

・雰囲気：和やか
・回数：4回
・質問内容：志望動機，学チカ，当社の好きな製品，キャリアビジョン

グループディスカッション

・テーマ：新製品提案

内定

・通知方法：電話
・タイミング：予定より早い

● その他受験者からのアドバイス

・全体的に和やかで，こちらのことを引き出そうとしてくれる

✔ 有価証券報告書の読み方

01 部分的に読み解くことからスタートしよう

　「有価証券報告書（以下，有報)」という名前を聞いたことがある人も少なくはないだろう。しかし，実際に中身を見たことがある人は決して多くはないのではないだろうか。有報とは上場企業が年に1度作成する，企業内容に関する開示資料のことをいう。開示項目には決算情報や事業内容について，従業員の状況等について記載されており，誰でも自由に見ることができる。

　一般的に有報は，証券会社や銀行の職員，または投資家などがこれを読み込み，その後の戦略を立てるのに活用しているイメージだろう。その認識は間違いではないが，だからといって就活に役に立たないというわけではない。就活を有利に進める上で，お得な情報がふんだんに含まれているのだ。ではどの部分が役に立つのか，実際に解説していく。

■有価証券報告書の開示内容
　では実際に，有報の開示内容を見てみよう。

有価証券報告書の開示内容
第一部【企業情報】
第1　【企業の概況】
第2　【事業の状況】
第3　【設備の状況】
第4　【提出会社の状況】
第5　【経理の状況】
第6　【提出会社の株式事務の概要】
第7　【提出会社の状参考情報】
第二部【提出会社の保証会社等の情報】
第1　【保証会社情報】
第2　【保証会社以外の会社の情報】
第3　【指数等の情報】

有報は記載項目が統一されているため，どの会社に関しても同じ内容で書かれている。このうち就活において必要な情報が記載されているのは，第一部の第1【企業の概況】～第5【経理の状況】まで，それ以降は無視してしまってかまわない。

02 企業の概況の注目ポイント

　第1【企業の概況】には役立つ情報が満載。そんな中,最初に注目したいのは,冒頭に記載されている【主要な経営指標等の推移】の表だ。

回次		第25期	第26期	第27期	第28期	第29期
決算年月		平成24年3月	平成25年3月	平成26年3月	平成27年3月	平成28年3月
営業収益	(百万円)	2,532,173	2,671,822	2,702,916	2,756,165	2,867,199
経常利益	(百万円)	272,182	317,487	332,518	361,977	428,902
親会社株主に帰属する当期純利益	(百万円)	108,737	175,384	199,939	180,397	245,309
包括利益	(百万円)	109,304	197,739	214,632	229,292	217,419
純資産額	(百万円)	1,890,633	2,048,192	2,199,357	2,304,976	2,462,537
総資産額	(百万円)	7,060,409	7,223,204	7,428,303	7,605,690	7,789,762
1株当たり純資産額	(円)	4,738.51	5,135.76	5,529.40	5,818.19	6,232.40
1株当たり当期純利益	(円)	274.89	443.70	506.77	458.95	625.82
潜在株式調整後1株当たり当期純利益	(円)	—	—	—	—	—
自己資本比率	(%)	26.5	28.1	29.4	30.1	31.4
自己資本利益率	(%)	5.9	9.0	9.5	8.1	10.4
株価収益率	(倍)	19.0	17.4	15.0	21.0	15.5
営業活動によるキャッシュ・フロー	(百万円)	558,650	588,529	562,763	622,762	673,109
投資活動によるキャッシュ・フロー	(百万円)	△370,684	△465,951	△474,697	△476,844	△499,575
財務活動によるキャッシュ・フロー	(百万円)	△152,428	△101,151	△91,367	△86,636	△110,265
現金及び現金同等物の期末残高	(百万円)	167,525	189,262	186,057	245,170	307,809
従業員数 [ほか、臨時従業員数]	(人)	71,729 [27,746]	73,017 [27,312]	73,551 [27,736]	73,329 [27,313]	73,053 [26,147]

　見慣れない単語が続くが，そう難しく考える必要はない。特に注意してほしいのが，**営業収益**，**経常利益**の二つ。営業収益とはいわゆる**総売上額**のことであり，これが企業の本業を指す。その営業収益から営業費用（営業費（販売費＋一般管理費）＋売上原価）を差し引いたものが**営業利益**となる。会社の業種はなんであれ，モノを顧客に販売した合計値が営業収益であり，その営業収益から人件費や家賃，広告宣伝費などを差し引いたものが営業利益と覚えておこう。対して経常利益は営業利益から本業以外の損益を差し引いたもの。いわゆる金利による収益や不動産収入などがこれにあたり，本業以外でその会社がどの程度の力をもっているかをはかる絶好の指標となる。

■会社のアウトラインを知れる情報が続く。

　この主要な経営指標の推移の表につづいて,「会社の沿革」,「事業の内容」,「関係会社の状況」「従業員の状況」などが記載されている。自分が試験を受ける企業のことを,より深く知っておくにこしたことはない。会社がどのように発展してきたのか,主としている事業はどのようなものがあるのか,従業員数や平均年齢はどれくらいなのか,志望動機などを作成する際に役立ててほしい。

03 事業の状況の注目ポイント

　第2となる【事業の状況】において,最重要となるのは**業績等の概要**といえる。ここでは1年間における収益の増減の理由が文章で記載されている。「○○という商品が好調に推移したため,売上高は△△になりました」といった情報が,比較的易しい文章で書かれている。もちろん,損失が出た場合に関しても包み隠さず記載してあるので,その会社の1年間の動向を知るための格好の資料となる。

　また,業績については各事業ごとに細かく別れて記載してある。例えば鉄道会社ならば,①運輸業,②駅スペース活用事業,③ショッピング・オフィス事業,④その他といった具合だ。**どのサービス・商品がどの程度の売上を出したのか**,会社の持つ展望として,今後**どの事業をより活性化**していくつもりなのか,などを意識しながら読み進めるとよいだろう。

■「対処すべき課題」と「事業等のリスク」

　業績等の概要と同様に重要となるのが,**「対処すべき課題」**と**「事業等のリスク」**の2項目といえる。ここで読み解きたいのは,その会社の**今後の伸びしろ**について。いま,会社はどのような状況にあって,どのような課題を抱えているのか。また,その課題に対して取られている対策の具体的な内容などから経営方針などを読み解くことができる。リスクに関しては法改正や安全面,他の企業の参入状況など,会社にとって決してプラスとは言えない情報もつつみ隠さず記載してある。客観的にその会社を再評価する意味でも,ぜひ目を通していただきたい。

　次代を担う就活生にとって,ここの情報はアピールポイントとして組み立てやすい。「新事業の○○の発展に際して……」,「御社が抱える●●というリスクに対して……」などという発言を面接時にできれば,面接官の心証も変わってくるはずだ。

　最後に注目したいのが，第5【経理の状況】だ。ここでは，簡単にいえば【主要な経営指標等の推移】の表をより細分化した表が多く記載されている。ここの情報をすべて理解するのは，簿記の知識がないと難しい。しかし，そういった知識があまりなくても，読み解ける情報は数多くある。例えば**損益計算書**などがそれに当たる。

連結損益計算書

（単位：百万円）

	前連結会計年度 （自 平成26年4月1日 至 平成27年3月31日）	当連結会計年度 （自 平成27年4月1日 至 平成28年3月31日）
営業収益	2,756,165	2,867,199
営業費		
運輸業等営業費及び売上原価	1,806,181	1,841,025
販売費及び一般管理費	※1 522,462	※1 538,352
営業費合計	2,328,643	2,379,378
営業利益	427,521	487,821
営業外収益		
受取利息	152	214
受取配当金	3,602	3,703
物品売却益	1,438	998
受取保険金及び配当金	8,203	10,067
持分法による投資利益	3,134	2,565
雑収入	4,326	4,067
営業外収益合計	20,858	21,616
営業外費用		
支払利息	81,961	76,332
物品売却損	350	294
雑支出	4,090	3,908
営業外費用合計	86,403	80,535
経常利益	361,977	428,902
特別利益		
固定資産売却益	※4 1,211	※4 838
工事負担金等受入額	※5 59,205	※5 24,487
投資有価証券売却益	1,269	4,473
その他	5,016	6,921
特別利益合計	66,703	36,721
特別損失		
固定資産売却損	※6 2,088	※6 1,102
固定資産除却損	※7 3,957	※7 5,105
工事負担金等圧縮額	※8 54,253	※8 18,346
減損損失	※9 12,738	※9 12,297
耐震補強重点対策関連費用	8,906	10,288
災害損失引当金繰入額	1,306	25,085
その他	30,128	8,537
特別損失合計	113,379	80,763
税金等調整前当期純利益	315,300	384,860
法人税、住民税及び事業税	107,540	128,972
法人税等調整額	26,202	9,326
法人税等合計	133,742	138,298
当期純利益	181,558	246,561
非支配株主に帰属する当期純利益	1,160	1,251
親会社株主に帰属する当期純利益	180,397	245,309

　主要な経営指標等の推移で記載されていた**経常利益**の算出する上で必要な営業外収益などについて，詳細に記載されているので，一度目を通しておこう。

　いよいよ次ページからは実際の有報が記載されている。ここで得た情報をもとに有報を確実に読み解き，就職活動を有利に進めよう。

✔ 有価証券報告書

※抜粋

企業の概況

1　主要な経営指標等の推移

（1）　連結経営指標等 ·······························

回次		第71期	第72期	第73期	第74期	第75期
決算年月		2018年12月	2019年12月	2020年12月	2021年12月	2022年12月
売上高	（百万円）	1,059,442	1,061,152	1,014,741	1,052,972	1,077,009
経常利益	（百万円）	26,629	27,621	19,734	21,382	26,127
親会社株主に帰属する当期純利益	（百万円）	13,534	13,858	6,956	10,378	12,368
包括利益	（百万円）	6,624	17,983	8,771	24,012	36,628
純資産額	（百万円）	342,553	358,416	362,383	382,217	407,897
総資産額	（百万円）	728,878	728,149	714,443	757,352	758,031
1株当たり純資産額	（円）	1,439.72	1,505.37	1,520.24	1,609.57	1,743.42
1株当たり当期純利益	（円）	62.17	63.75	32.00	48.60	59.10
潜在株式調整後1株当たり当期純利益	（円）	—	—	—	—	—
自己資本比率	（%）	42.9	44.9	46.3	45.2	48.0
自己資本利益率	（%）	4.3	4.3	2.1	3.1	3.5
株価収益率	（倍）	37.09	30.57	53.87	31.44	26.63
営業活動によるキャッシュ・フロー	（百万円）	49,947	57,880	47,157	57,071	52,773
投資活動によるキャッシュ・フロー	（百万円）	△49,005	△42,173	△38,623	△37,790	△41,984
財務活動によるキャッシュ・フロー	（百万円）	△23,708	△18,466	△11,585	2,070	△26,695
現金及び現金同等物の期末残高	（百万円）	106,423	105,916	102,842	133,495	119,559
従業員数[外、平均臨時雇用者数]	（名）	28,363[21,275]	28,724[20,086]	29,243[20,302]	32,527[20,011]	32,210[19,262]

（注）1　「収益認識に関する会計基準」（企業会計基準第29号2020年3月31日）等を第75期の期首から適用しており，第75期に係る主要な経営指標等については，当該会計基準等を適用した後の指標等となっております。

　　　2　「潜在株式調整後1株当たり当期純利益」については，潜在株式がないため記載しておりません。

　　　3　従業員数は，就業人員数を表示しております。

(point) **主要な経営指標等の推移**

　　数年分の経営指標の推移がコンパクトにまとめられている。見るべき箇所は連結の売上，利益，株主資本比率の3つ。売上と利益は順調に右肩上がりに伸びているか，逆に利益で赤字が続いていたりしないかをチェックする。株主資本比率が高いとリーマンショックなど景気が悪化したときなどでも経営が傾かないという安心感がある。

(2) 提出会社の経営指標等 ・・・

回次		第71期	第72期	第73期	第74期	第75期
決算年月		2018年12月	2019年12月	2020年12月	2021年12月	2022年12月
売上高	(百万円)	748,319	753,733	730,270	741,371	768,695
経常利益	(百万円)	20,739	21,805	19,775	18,622	20,233
当期純利益	(百万円)	12,331	13,013	7,488	9,821	11,134
資本金	(百万円)	11,014	11,014	11,014	11,014	11,014
発行済株式総数	(株)	220,282,860	220,282,860	220,282,860	220,282,860	220,282,860
純資産額	(百万円)	299,159	304,167	303,789	300,811	301,239
総資産額	(百万円)	545,582	543,425	534,510	556,474	549,583
1株当たり純資産額	(円)	1,376.13	1,399.17	1,397.43	1,413.35	1,443.86
1株当たり配当額 (内1株当たり中間配当額)	(円) (円)	20.00 (—)	20.00 (—)	22.00 (—)	22.00 (—)	22.00 (—)
1株当たり当期純利益	(円)	56.64	59.86	34.45	46.00	53.21
潜在株式調整後 1株当たり当期純利益	(円)	—	—	—	—	—
自己資本比率	(%)	54.8	56.0	56.8	54.1	54.8
自己資本利益率	(%)	4.1	4.3	2.5	3.2	3.7
株価収益率	(倍)	40.71	32.56	50.05	33.22	29.58
配当性向	(%)	35.3	33.4	63.9	47.8	41.3
従業員数 [外、平均臨時雇用者数]	(名)	19,478 [7,521]	19,490 [7,192]	19,832 [7,056]	19,985 [6,843]	19,750 [6,626]
株主総利回り (比較指標：配当込み TOPIX)	(%) (%)	105.9 (84.0)	90.5 (99.2)	81.3 (106.6)	73.4 (120.2)	76.5 (117.2)
最高株価	(円)	3,075	2,333	2,380	2,145	1,799
最低株価	(円)	1,973	1,525	1,585	1,452	1,395

(注) 1 「収益認識に関する会計基準」(企業会計基準第29号2020年3月31日)等を第75期の期首から適用しており、第75期に係る主要な経営指標等については、当該会計基準等を適用した後の指標等となっております。
2 「潜在株式調整後1株当たり当期純利益」については、潜在株式がないため記載しておりません。
3 従業員数は、就業人員数を表示しております。
4 最高株価及び最低株価は、2022年4月3日以前は東京証券取引所市場第一部におけるものであり、2022年4月4日以降は東京証券取引所プライム市場におけるものであります。

1948年3月	・創業者飯島藤十郎により千葉県市川市に山崎製パン所を開業，パンの委託加工を開始
1948年6月	・山崎製パン株式会社を資本金百万円をもって千葉県市川市に設立
1960年4月	・東京都杉並区に杉並工場竣工稼働，首都圏の販売地域を拡大
1962年4月	・本社を千葉県市川市より東京都墨田区へ移転
1962年7月	・東京証券取引所市場第二部に株式上場
1963年10月	・東京都東久留米市に武蔵野工場竣工稼働
1963年10月	・(株)山崎製パン横浜工場を吸収合併（現横浜第一工場）
1966年3月	・千葉県松戸市に松戸工場竣工稼働
1966年11月	・東京証券取引所市場第一部に株式上場
1966年12月	・大阪証券取引所市場第一部に株式上場
1969年1月	・宮城県柴田郡に仙台工場竣工稼働，東北地区の販売地域を拡大
1970年10月	・米国ナビスコ社及び日綿実業(株)（現双日(株)）と合弁会社，ヤマザキ・ナビスコ(株)（2016年9月　ヤマザキビスケット(株)に商号変更）設立
1973年7月	・(株)末広製菓設立
1973年11月	・本社を墨田区から千代田区岩本町三丁目2番4号へ移転
1973年11月	・(株)山崎製パン千葉工場を吸収合併（現千葉工場）
1976年1月	・山崎製菓(株)及び(株)山崎製パン新潟工場を吸収合併（現古河工場及び新潟工場）
1976年3月	・横浜市緑区（現都筑区）に横浜第二工場竣工稼働
1977年10月	・(株)サンロイヤル（2000年4月　(株)ヴイ・ディー・エフ・サンロイヤルに社名変更）がインストアベーカリー事業を開始
1977年12月	・(株)サンエブリー設立（コンビニエンスストア事業進出）
1980年5月	・(株)サンデリカ設立
1981年5月	・香港に香港山崎麺飽有限公司設立（現地法人）
1981年12月	・東京都東村山市に武蔵野第二工場を開設して稼働（現埼玉工場埼玉第二東村山工場）
1982年1月	・デイリー事業部と(株)サンエブリーを統合し，(株)サンショップヤマザキ（1999年1月　(株)デイリーヤマザキに社名変更）としてコンビニエンスストア事業を本格展開
1983年5月	・仏国グラン・ムーラン・ド・パリ社と技術導入契約を締結
1984年4月	・(株)関西ヤマザキが(株)イート食品（現(株)高知ヤマザキ）の株式を取得
1984年11月	・群馬県伊勢崎市に伊勢崎工場竣工稼働

point 沿革

　どのように創業したかという経緯から現在までの会社の歴史を年表で知ることができる。過去に行った重要な M&A などがいつ行われたのか，ブランド名はいつから使われているのか，いつ頃から海外進出を始めたのか，など確認することができて便利だ。

1986年1月	・(株)関西ヤマザキを吸収合併（現大阪第一工場，大阪第二工場，京都工場，名古屋工場，岡山工場，広島工場，福岡工場及び熊本工場）
1986年10月	・(株)サンキムラヤ設立
1988年4月	・愛知県安城市に安城冷生地事業所竣工稼働
1988年7月	・米国ナビスコ社よりヤマザキ・ナビスコ(株)（現ヤマザキビスケット(株)）の株式を取得し，当社の持株比率が40%から80%に増加
1989年4月	・(株)イケダパンの株式を取得
1989年6月	・(株)ヤマザキエンジニアリング設立
1990年11月	・愛知県安城市に安城工場竣工稼働
1991年4月	・米国ヴァージニア州にヴィ・ド・フランス・ベーカリー・ヤマザキ,Inc.設立（現地法人）（1994年10月　ヴィ・ド・フランス・ヤマザキ,Inc.に社名変更）
1992年2月	・千葉県松戸市に松戸工場松戸第二工場竣工稼働
1992年9月	・北海道恵庭市に札幌工場を開設して稼働
1993年2月	・大阪府羽曳野市に阪南工場を開設して稼働
1994年1月	・青森県十和田市に十和田工場を開設して稼働
1997年11月	・本社を千代田区岩本町三丁目10番1号へ移転
2000年2月	・埼玉県所沢市に埼玉工場埼玉第一工場を開設して稼働
2001年7月	・ヴィ・ド・フランス営業本部を会社分割し，(株)ヴィ・ド・フランス設立
2003年7月	・クールデリカ事業部門を会社分割し，(株)サンデリカに事業統合
2006年7月	・(株)東ハトの株式を取得
2007年4月	・(株)不二家と業務資本提携し，株式を取得（持株比率35%）
2007年5月	・兵庫県神戸市に神戸冷生地事業所竣工稼働
2008年11月	・(株)不二家と新たな業務資本提携契約を締結し，株式を追加取得（持株比率51%）
2009年8月	・日糧製パン(株)と業務資本提携し，株式を取得（持株比率28.4%）
2013年7月	・(株)デイリーヤマザキを吸収合併
2016年9月	・ヤマザキ・ナビスコ(株)がヤマザキビスケット(株)に商号変更
2016年12月	・千葉県市川市に山崎製パン総合クリエイションセンター竣工
2018年2月	・兵庫県神戸市に神戸工場竣工稼働
2022年3月	・監査役会設置会社から監査等委員会設置会社に移行
2022年4月	・東京証券取引所の市場区分の見直しにより市場第一部からプライム市場に移行

　当社グループは，当社，子会社51社及び関連会社3社で構成され，主な事業内容と各事業における当社グループ各社の位置付けは次のとおりであります。

（1）　食品事業 ···

（パン，和・洋菓子，調理パン・米飯類，製菓・米菓等の製造販売）

　パン，和・洋菓子は，当社をはじめ（株）イケダパン，（株）サンキムラヤ，（株）高知ヤマザキ，（株）スリーエスフーズなどが製造し，自社業態店，量販店，コンビニエンスストアその他の販売店に販売しております。ベーカリー事業につきましては，当社，（株）ヴイ・ディー・エフ・サンロイヤルなどがパン用冷凍生地などのベーカリー製品を製造販売するとともに，（株）ヤマザキをはじめグループ各社が直営店を経営しパン，和・洋菓子の店内製造小売を行っております。また，（株）サンミックスがグループ各社向けにプレミックスを開発・製造販売しております。なお，（株）ヴィ・ド・フランスがベーカリーカフェを多店舗展開しております。

　調理パン・米飯類は，（株）サンデリカをはじめ（株）イケダパンなどグループ各社がサンドイッチ，弁当，おにぎりなどを製造販売しております。また，大徳食品（株）が麺類を製造販売しております。

　製菓は，ヤマザキビスケット（株）及び（株）東ハトがビスケット，スナックなどを製造販売しております。また，米菓は，（株）末広製菓及び秋田いなふく米菓（株）があられ，煎餅などを製造し，主として当社が販売しております。

　（株）不二家が菓子及び洋菓子の製造販売を行っており，「カントリーマアム」，「ミルキー」，「ルック」などの菓子類を製造販売するとともに，洋菓子専門店をチェーン展開し，ケーキ，デザートなどの洋菓子を製造販売しております。また，Ｂ－Ｒサーティワンアイスクリーム（株）がアイスクリームを製造販売しております。

　持分法適用関連会社の日糧製パン（株）が，北海道においてパン，和・洋菓子，米飯類等の製造販売を行っております。

　海外では，米国において，ヴィ・ド・フランス・ヤマザキ,Inc.がパン用冷凍生地などのベーカリー製品を製造販売するとともにベーカリーカフェを展開してお

(point) 事業の内容

　会社の事業がどのようにセグメント分けされているか，そして各セグメントではどのようなビジネスを行っているかなどの説明がある。また最後に事業の系統図が載せてあり，本社，取引先，国内外子会社の製品・サービスや部品の流れが分かる。ただセグメントが多いコングロマリットをすぐに理解するのは簡単ではない。

り，ベイクワイズブランズ,Inc.が包装ベーグルを製造販売し，トムキャットベーカリー,Inc.がアルチザン・ブレッドを製造販売しております。また，台湾山崎股份有限公司，香港山崎麺飽有限公司，タイヤマザキCo.,Ltd.，フォーリーブズPTE.Ltd.などが，東南アジアの各地でベーカリーを経営しております。また，PT.ヤマザキインドネシアがインドネシアにおいてパン，和・洋菓子等の製造販売を行っております。

(2) 流通事業 ……………………………………………………………………

（コンビニエンスストア事業，食品スーパーマーケットの経営）

当社のデイリーヤマザキ事業統括本部がフランチャイズ方式によるコンビニエンスストア事業を行っており，また，（株）スーパーヤマザキが食品スーパーマーケットを経営しております。なお，これらの店舗では，当社グループの製品を仕入れて販売しております。

(3) その他事業 ……………………………………………………………………

（物流事業，食品製造設備の設計，監理及び工事の請負，事務受託業務，損害保険代理業，食品製造機械器具の洗浄剤の製造販売等）

（株）ヤマザキ物流及び（株）サンロジスティックスがパン，和・洋菓子等の工場・営業所間輸送及び得意先への配送等の物流事業を行っております。（株）ヤマザキエンジニアリングが当社グループで使用する食品製造機器の設計，監理及び工事の請負などの事業を行っており，（株）ヤマザキが損害保険代理業を行っております。また，（株）ヤマザキクリーンサービスが当社グループで使用する食品製造機械器具の洗浄剤の製造販売を行っております。

事業の系統図は次のとおりであります。

（→は製品の販売，サービスの提供，◎は連結子会社，○は持分法適用関連会社を表す。）

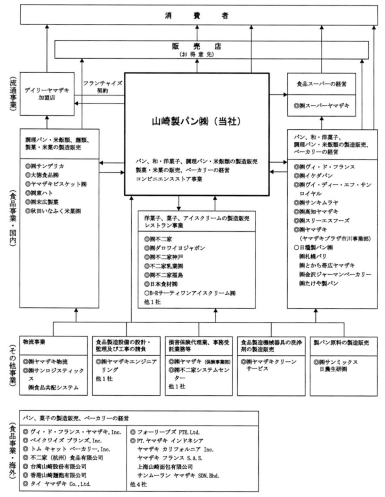

```
                          消  費  者

                          販  売  店
                         （お 得 意 先）

（流通事業）   デイリーヤマザキ    フランチャイズ              食品スーパーの経営
              加盟店            契約                      ◎㈱スーパーヤマザキ

                          山崎製パン㈱（当社）

                          パン、和・洋菓子、調理パン・米飯類の製造販売
                          製菓・米菓の販売、ベーカリーの経営
                          コンビニエンスストア事業
```

（流通事業）

デイリーヤマザキ
加盟店

フランチャイズ
契約

食品スーパーの経営

◎㈱スーパーヤマザキ

（食品事業・国内）

調理パン・米飯類、麺類、
製菓・米菓の製造販売

◎㈱サンデリカ
◎大徳食品㈱
◎ヤマザキビスケット㈱
◎㈱東広製菓
◎秋田いなふく米菓㈱

パン、和・洋菓子、
調理パン・米飯類の製造販売、
ベーカリーの経営

◎㈱ヴィ・ド・フランス
◎㈱イケダパン
◎㈱ヴィ・ディー・エフ・サン
　ロイヤル
◎㈱サンキムラヤ
◎㈱高知ヤマザキ
◎㈱スリーエスフーズ
◎㈱ヤマザキ
　（ヤマザキプラザ市川事業部）
○日糧製パン㈱
　㈱札幌パリ
　㈱とかち帯広ヤマザキ
　㈱金沢ジャーマンベーカリー
　㈱たけや製パン

洋菓子、菓子、アイスクリームの製造販売
レストラン事業

◎㈱不二家
◎㈱ダロワイヨジャポン
◎㈱不二家神戸
◎不二家乳業㈱
◎㈱不二家福島
◎日本食材㈱
○B-Rサーティワンアイスクリーム㈱
他1社

（その他事業）

物流事業

◎㈱ヤマザキ物流
◎㈱サンロジスティック
　ス
　㈱食品共配システム

食品製造設備の設計・
整理及び工事の請負

◎㈱ヤマザキエンジニア
　リング
他1社

損害保険代理業、事務受
託業務等

◎㈱ヤマザキ（保険事業部）
◎㈱不二家システムセン
　ター
他1社

食品製造機械器具の洗浄
剤の製造販売

◎㈱ヤマザキクリーン
　サービス

製パン原料の製造販売

◎㈱サンミックス
　日農生研㈱

（食品事業・海外）

パン、菓子の製造販売、ベーカリーの経営

◎ ヴィ・ド・フランス・ヤマザキ, Inc.
◎ ベイクワイズ ブランズ, Inc.
◎ トム キャット ベーカリー, Inc.
◎ 不二家（杭州）食品有限公司
◎ 台湾山崎股份有限公司
◎ 香港山崎麺飽有限公司
◎ タイ ヤマザキ Co., Ltd.

◎ フォーリーブズ PTE. Ltd.
◎ PT. ヤマザキ インドネシア
　 ヤマザキ カリフォルニア Inc.
　 ヤマザキ フランス S.A.S.
　 上海山崎面包有限公司
　 サンムーラン ヤマザキ SDN. Bhd.
他4社

（注）　日本食材（株）は持分法適用関連会社でしたが，（株）不二家が株式を追加取得し連結子会社としたた
　　　め連結の範囲に含めております。

4　関係会社の状況

名称	住所	資本金又は出資金（百万円）	主要な事業の内容	議決権の所有割合(%)	関係内容				
					役員の兼任等	資金援助	営業上の取引	設備の賃貸借	その他
（連結子会社） ㈱不二家 （注）3 その他7社	東京都文京区	18,280	洋菓子、チョコレート、キャンディ、クッキー等の製造、販売	54	兼任2名	なし	当社製品の販売 同社製品の仕入	建物の賃借	なし
㈱サンデリカ	東京都千代田区	2,000	調理パン、米飯類等の製造、販売	100	兼任5名	なし	当社製品の販売 同社製品の仕入	土地、建物の賃貸借	なし
ヤマザキビスケット㈱	東京都新宿区	1,600	ビスケット、スナック等の製造、販売	80	兼任4名 出向1名	なし	当社製品の販売 同社製品の仕入	土地、建物の賃貸借	なし
㈱東ハト	東京都豊島区	2,168	ビスケット、スナック等の製造、販売	95	兼任3名 出向1名	なし	当社製品の販売 同社製品の仕入	なし	なし
㈱ヴィ・ド・フランス	東京都江戸川区	100	ベーカリーカフェの経営	100	兼任3名 出向1名	なし	当社製品の販売 同社製品の仕入	なし	債務保証
㈱イケダパン	鹿児島県姶良市	100	パン、和・洋菓子、米飯類等の製造、販売	80	兼任3名 出向2名	なし	当社製品の販売 同社製品の仕入	土地、建物の賃貸	なし
大匠食品㈱	奈良県大和郡山市	100	麺類の製造、販売	100 (100)	兼任2名	貸付金 800 百万円	当社製品の販売 同社製品の仕入	なし	なし
ヴィ・ド・フランス・ヤマザキ、Inc.	米国ヴァージニア州ヴィエナ市	千US$ 5,000	ベーカリー製品の製造、販売及びベーカリーカフェの経営	100	兼任4名 出向1名	貸付金 6,133 百万円	なし	なし	なし
㈱ヴイ・ディー・エフ・サンロイヤル	埼玉県春日部市	236	パン用冷凍生地の製造、販売及びインストアベーカリーの経営	100	兼任4名 出向1名	なし	当社製品の販売 同社製品の仕入	土地、機械装置、建物の賃貸	なし
㈱サンキムラヤ	山梨県甲府市	100	パン、和・洋菓子、米飯類等の製造、販売	100	兼任3名	なし	当社製品の販売 同社製品の仕入	なし	なし
㈱スリーエスフーズ	京都府久世郡久御山町	480	パンの製造、販売	100	兼任3名	なし	当社製品の販売 同社製品の仕入	土地、建物の賃貸借	なし
㈱高知ヤマザキ	高知県高知市	100	パン、和・洋菓子、米飯類等の製造、販売	100	兼任3名 出向1名	なし	当社製品の販売 同社製品の仕入	なし	なし
㈱末広製菓	新潟市西蒲区	100	米菓、調理パン、米飯類等の製造販売	100	兼任3名 出向2名	なし	当社製品の販売 同社製品の仕入	なし	なし
㈱ヤマザキ	東京都千代田区	100	損害保険代理業 パン、菓子類その他食料品の製造加工及び販売	100	兼任4名	なし	当社製品の販売	土地、建物の賃貸借	なし
PT.ヤマザキインドネシア	インドネシアブカシ市	億Rp 8,830	パン、和・洋菓子等の製造、販売	51	兼任4名 出向2名	貸付金 281 百万円	なし	なし	なし
㈱ヤマザキ物流	東京都清瀬市	300	物流事業	100	兼任2名	なし	当社製品の運搬	土地、建物の賃貸借	なし
㈱サンロジスティックス	埼玉県所沢市	380	物流事業	100 (50)	兼任2名	なし	当社製品の運搬	土地、建物の賃貸借	なし
㈱ヤマザキエンジニアリング	東京都千代田区	80	食品製造設備の設計、監理及び工事の請負	100	兼任4名	なし	なし	なし	なし
その他10社									
（持分法適用関連会社） B−Rサーティワンアイスクリーム㈱ （注）3	東京都品川区	735	小売事業	43 (43)	兼任1名	なし	なし	なし	なし
日糧製パン㈱ （注）3	札幌市豊平区	1,051	パン、和・洋菓子等の製造、販売	30	兼任2名	なし	当社製品の販売 同社製品の仕入	なし	なし

（注）1　（株）不二家，（株）サンデリカ，ヤマザキビスケット（株），（株）東ハト及びPT.ヤマザキインドネシアは，特定子会社であります。

⬤point　関係会社の状況

主に子会社のリストであり,事業内容や親会社との関係についての説明がされている。特に製造業の場合などは子会社の数が多く，すべてを把握することは難しいが，重要な役割を担っている子会社も多くある。有報の他の項目では一度も触れられていない場合が多いので，気になる会社については個別に調べておくことが望ましい。

2 議決権の所有割合の（ ）内は間接所有割合で内数であります。
3 有価証券報告書の提出会社であります。

5 従業員の状況

(1) 連結会社の状況 ···

2022年12月31日現在

セグメントの名称	従業員数(名)
食品事業	30,107 [18,169]
流通事業	891 [213]
その他事業	1,212 [880]
合計	32,210 [19,262]

(注) 従業員数は就業人員であり，臨時従業員数は [ ] 内に年間平均雇用人員を外書記載しております。

(2) 提出会社の状況 ···

2022年12月31日現在

従業員数(名)	平均年齢(歳)	平均勤続年数(年)	平均年間給与(円)
19,750 [6,626]	38.6	15.2	5,599,080

セグメントの名称	従業員数(名)
食品事業	18,922 [6,480]
流通事業	828 [146]
合計	19,750 [6,626]

(注) 1 従業員数は就業人員であり，臨時従業員数は [ ] 内に年間平均雇用人員を外書記載しております。
2 平均年間給与は，賞与及び基準外賃金を含んでおります。

(3) 労働組合の状況 ···

　当社グループには管理職以外の従業員をもって組織するヤマザキ製パン従業員組合等があります。また，労使関係は，極めて協力的かつ円満な関係にあります。

(注) 組合員数は，2022年12月31日現在23,577名であります。

(point) 従業員の状況

　主力セグメントや，これまで会社を支えてきたセグメントの人数が多い傾向があるのは当然のことだろう。上場している大企業であれば平均年齢は40歳前後だ。また労働組合の状況にページが割かれている場合がある。その情報を載せている背景として，労働組合の力が強く，人数を削減しにくい企業体質だということを意味している。

■ 事業の状況

1 経営方針，経営環境及び対処すべき課題等

文中の将来に関する事項は，当連結会計年度末現在において，当社グループが判断したものであります。

（1） 会社の経営の基本方針 ‥‥‥‥‥‥‥‥‥‥‥‥‥‥‥‥‥‥‥‥‥‥‥‥‥‥‥‥‥‥‥

当社グループは，創業以来一貫して，良品廉価・顧客本位，製品をもって世に問うというヤマザキの精神を具現化すべく，今日到達しうるベストクオリティー・ベストサービスを追求することをめざし，パン，和・洋菓子，製菓類，調理パン・米飯類の製造販売事業に携わり，常に積極果敢に技術革新に取り組み，高品質な製品を全国各地に安定的に供給することを通じて社会の負託に応え，業績の向上につとめてまいりました。

また，当社グループは，西暦2000年以来，特に「食の安全・安心」を社会の要請と積極的に受けとめ，徹底した食品安全衛生管理体制の確立をはかり，さらに，食品安全衛生管理体制の上に築き上げる事業経営手法として，部門別製品施策，営業戦略，小委員会による「なぜなぜ改善」を取り上げ，積極的に部門別製品開発，技術開発に取り組み，お客様に喜ばれる製品とサービスの提供に万全を期してまいりました。

今般，当社は，21世紀の事業環境と社会の変化に対応するため，「企業経営を通じて社会の進展と文化の向上に寄与することを使命とし，自主独立の協力体制を作り，もって使命達成に邁進する」という山崎製パン株式会社の「経営基本方針（綱領および具体方針）」を改めて高く掲げると同時に，これを補完するものとして，「日々，お取引先からご注文いただいた品は，どんな試練や困難に出会うことがあっても，良品廉価，顧客本位の精神でその品を製造し，お取引先を通してお客様に提供する」というヤマザキの精神に導かれ，科学的根拠の上に立った食品安全衛生管理体制の上に築き上げる科学的・合理的・効率的な事業経営手法として，いのちの道の教えに従ったすべての仕事を種蒔きの仕事から開始する部門別製品施策・営業戦略，小委員会による「なぜなぜ改善」を実践，実行，実証することで，新しい価値と新しい需要を創造し，社会の負託に応え社業を前進

(point) 業績等の概要

この項目では今期の売上や営業利益などの業績がどうだったのか，収益が伸びたあるいは減少した理由は何か，そして伸ばすためにどんなことを行ったかということがセグメントごとに分かる。現在，会社がどのようなビジネスを行っているのか最も分かりやすい箇所だと言える。

させることを21世紀のヤマザキの経営方針といたします。

　事業経営の具体的遂行に当たっては，経営陣，管理職は，本物の5S・全員参加の5Sとピーター・ドラッカーの5つの質問を連動させる「2本立ての5S」を行うとともに，いのちの道の教えに従った部門別製品施策・営業戦略をピーター・ドラッカーの5つの質問と連動させ，「私たちの使命は何ですか」（What is our mission?）と問うだけでなく「私の使命は何ですか」（What is my mission?）と問い，生産部門・営業部門一体となった業務を推進するとともに，内部管理体制を充実・強化して，各部門毎の自主独立の協力体制を構築いたします。また，「良品廉価・顧客本位の精神で品質と製品，サービスをもって世に問う」というヤマザキの精神と「知恵と知識によって変化に挑戦し，新しい価値と新しい需要を創造する」といういのちの道を導く言葉によって日々の仕事の実践，実行，実証に励み，業績の着実な向上を期してまいります。

（2）　目標とする経営指標 ··

　当社グループは持続的な成長と中長期的な企業価値の向上を実現するため，積極的な設備投資を継続するとともに，財務基盤の安定，収益性の改善，資本効率の向上に取り組んでまいります。具体的には，連結売上高経常利益率3%以上の達成を経営目標とするとともに，連結ROEを重要な経営指標として位置付け，5%以上の達成を経営指標として効率的な事業経営に取り組んでまいります。また，株主還元に関しましては，連結配当性向30%を目標に安定した配当を継続することを基本方針とし，今後も業績と連動した増配をめざしてまいります。

（3）　食品安全衛生管理体制の強化 ·······································

　当社グループは，従来から全社的組織で取り組んでおります細菌面における食品衛生管理システム，表示の適正管理システムに加え，AIB（American Institute of Baking）の「国際検査統合基準」に基づく教育指導・監査システムを活用し，異物混入防止対策を含む科学的根拠の上に立った総合的な食品安全衛生管理体制を整備しております。当社グループは，一般社団法人日本パン技術研究所によるAIBフードセーフティ監査を受けるとともに，自主監査によって各工場の食品

安全衛生管理体制の充実強化をはかっております。また，当社の食品衛生管理センターが要注意製品群を定め，定期的な製品の市場買付による細菌検査を通じて安全性の検証を行うとともに，当社の食品安全衛生管理本部の食品衛生管理課が専任の部署として，製品表示のチェックシステムにより原材料の成分管理やアレルゲン表示管理を含め製品表示の管理徹底をはかっております。食品表示基準の制定に伴う対応につきましては猶予期間である2020年3月末迄に終え，2017年9月に義務化された新しい原料原産地表示に伴う対応につきましても猶予期間である2022年3月31日迄に終えております。

　今後，なお一層，食品安全衛生管理体制の強化につとめてまいる所存でございます。

（4）　新型コロナウイルス感染症の影響と対策 ·····························

　期初は新型コロナウイルスの感染拡大の影響もあり厳しい状況となりましたが，3月以降，まん延防止等重点措置が全面解除となり，行動制限が緩和され，景気は持ち直しの動きがみられました。また，コンビニエンスストアやフレッシュベーカリーの小売事業につきましては，人流の回復に伴い，おにぎりやサンドイッチ，焼き立てパンなどの需要も徐々に回復してまいりました。

　このような情勢下にありまして，当社グループは，緊急事態においてパン，和菓子，洋菓子類を緊急食糧として社会に提供するという創業以来のヤマザキの精神に従い，新型コロナウイルス感染拡大の中で製品の安定供給を確保するため，全従業員に対して検温を実施し，37.2℃以上の発熱がある者は自宅待機とし，また発熱がない場合でも新型コロナウイルス独特の自覚症状がある者も自宅待機とし，この自宅待機者数とPCR検査陽性者数を日々管理いたします。また，マスクの着用や手指の消毒など日常の感染防止対策を徹底するとともに，5人以上の会食の原則禁止や感染の恐れの高い遊興施設の利用禁止など，公衆衛生上の遵守事項を徹底いたします。さらに，工場・事業所内の感染防止対策として，炭酸ガス濃度測定器によって，常時職場内の換気をしながら炭酸ガス濃度を700ppm以下に保つとともに，従業員向けに新型コロナワクチンの職域接種を推進し，社会的使命の達成に全力を挙げて取り組んでまいります。

(5) 優先的に対処すべき事業上及び財務上の課題 ····························

　今後の見通しといたしましては，わが国経済は政府による新型コロナウイルス対策が進められる中で景気は持ち直していくことが期待されますが，原材料価格やエネルギー価格の更なる上昇が懸念され，先行きは予断を許しません。

　当業界におきましては，生活必需品を中心に物価が上昇し，お客様の生活防衛意識の高まりから節約志向が更に強まる中で，主原料の小麦粉につきましては昨年10月期の輸入小麦の政府売渡価格は据え置きとなりましたものの本年4月期には上昇が見込まれており，また卵や包材などの原材料価格やエネルギーコストの更なる上昇が予測され，収益が圧迫される厳しい経営環境になるものと思われます。

　このような状況下にありまして，当社グループは，引き続き新型コロナウイルスの感染防止対策を徹底するとともに，「いのちの道」の教えに従った，営業・生産が一体となった部門別製品施策・営業戦略，小委員会による「なぜなぜ改善」によって，各部門毎に，ヤマザキ独自の技術を活用した品質向上や新製品開発に取り組み，変化するお客様のニーズに対応した2極化・3極化戦略によって価格帯毎に隙のない製品対応をはかり，新しい価値と新しい需要の創造をめざしてまいります。

　また，デイリーヤマザキやフレッシュベーカリーの小売事業につきましては，小売事業業績改善プロジェクトにおいて日次管理・週次管理を徹底し，戦略製品・戦略商品開発推進チームを中心に，「いのちの道」の教えに従ったヤマザキパンの小売事業のあるべき姿を追求して，ヤマザキパングループの総力を挙げた戦略商品の開発に取り組み，小売事業の業績向上をめざしてまいります。

　食パンは，3大ブランドの「ロイヤルブレッド」，「ダブルソフト」，「超芳醇」の品質訴求と売場づくりを推進するとともに，低価格帯食パンにつきましても，「モーニングスター」や「スイートブレッド」の取扱拡大をはかってまいります。また，適量目製品の需要が高まる中，「ハーフサイズ」食パンの品揃えの充実をはかり，取扱拡大に取り組んでまいります。

　菓子パンは，高級シリーズやヤマザキ菓子パンなど主力製品の取扱拡大を継続するとともに，2極化・3極化に対応した新製品開発に積極的に取り組み，売上

---

point 生産及び販売の状況

　生産高よりも販売高の金額の方が大きい場合は，作った分よりも売れていることを意味するので，景気が良い，あるいは会社のビジネスがうまくいっていると言えるケースが多い。逆に販売額の方が小さい場合は製品が売れなく，在庫が増えて景気が悪くなっていると言える場合がある。

拡大をはかってまいります。また，ランチパックにつきましても，キカ製品の取扱拡大をはかるとともに，低価格帯製品の充実により価格帯毎に隙のない製品対応を強化し，売上拡大をはかってまいります。

　和菓子は，新規製法の餡を活用し，主力の団子・大福・まんじゅうの売上拡大をはかるとともに，お客様の求めに対応した値頃感のある複数個入り製品を充実してまいります。また，女性開発担当者を活用したチルド対応製品や和洋折衷製品などの新製品開発に取り組んでまいります。

　洋菓子は，2個入り生ケーキや「まるごとバナナ」など主力製品の取扱拡大に加え，値頃感のある製品を充実して隙のない製品対応に取り組み，売上拡大をはかってまいります。また，女性開発担当者による新製品開発を推進し，コンビニエンスストア向け製品も含め充実強化をはかってまいります。

　調理パン・米飯類は，(株)サンデリカにおいて2022年4月に開設した中央研究所を活用して市場変化に対応した製品開発に取り組むとともに，製品提案を積極的に推進し，量販店やコンビニエンスストアチェーンとの取引拡大をはかってまいります。

　製菓・米菓・その他商品類は，グループ各社の特徴のある製品群を活用したカテゴリー別のブランド戦略を推進し売上拡大をはかってまいります。デイリーヤマザキのコンビニエンスストア事業につきましては，お客様に喜ばれるヤマザキ独自のコンビニエンスストアチェーンとして，新しい価値と新しいサービスの提供につとめ，新たな需要を創造してまいります。引き続き，戦略製品・戦略商品開発推進チームと連携して，ヤマザキの技術を最大限に活用した競争力のある商品開発を推進するとともに，松戸・杉並ドミナントプロジェクトによりデイリーヤマザキの強みであるデイリーホットの充実強化により業績回復をはかってまいります。また，既存店の改装につきましても，1店1店丁寧に取り組み，ヤマザキらしい店づくりを継続してまいります。

　2007年から開始した(株)不二家の再生復活支援の取組みにつきましては，15年を経て洋菓子部門の黒字化を実現し，また(株)不二家が東京証券取引所におけるプライム市場に移行したことを踏まえ，一区切りを迎えることができました。今後につきましては，2023年2月1日に(株)YKベーキングカンパニーが(株)

神戸屋の子会社として稼働し，3月31日には当社が（株）YKベーキングカンパニーの株式全部を取得することにより，（株）神戸屋の包装パン事業等を譲り受けることとなりますので，YKベーキングカンパニー準備委員会を中心に事業譲受けの準備を十分に進めるとともに，譲受け後はヤマザキの技術を最大限活用した品質向上と新製品開発に取り組み，早期に軌道に乗るようつとめてまいります。

2 事業等のリスク

　有価証券報告書に記載した事業の状況，経理の状況等に関する事項のうち，投資者の判断に重要な影響を及ぼす可能性のある事項には，以下のようなものがあります。なお，文中の将来に関する事項については，有価証券報告書提出日現在において当社が判断したものであります。

（1）　食品安全衛生 ･･

　近年，食品業界におきましては，原材料や製品の消費又は賞味期限管理の問題，製品の規格や農畜水産物の産地の偽装，輸入食品の安全対策等，食品の品質，安全性に関わる問題が発生しております。当社グループは，製品の安全性確保と今後発生が予見されるリスクへの予防措置を講ずる目的から，当社本社内に食品安全衛生管理本部を設置し，下部組織として食品衛生管理センター（微生物，表示業務），食品品質管理部（異物混入防止業務），お客様相談室を設け，更に各工場において食品衛生管理センター分室（微生物, 表示業務），食品品質管理センター分室（異物混入防止業務）を設置するとともに，工場長を委員長とする食品衛生委員会を設け，日々の管理の万全を期しております。さらに，中央検査室において，食品衛生事故の防止のための研究をいたしておりますが，社会全般にわたる品質問題等，上記の取組みの範囲を超えた事象が発生した場合，業績に影響を及ぼす可能性があります。

　食品安全衛生へのリスクに対応するため，微生物に関する安全性確保の手段としてHACCPに基づく衛生管理を行い，当社グループの各工場において日々の細菌検査による衛生管理を検証するとともに，本社食品衛生管理センターにおいて要注意製品を定めて各工場毎に月次で市場買付による細菌検査を実施，全工場の衛生管理体制の検証を行っています。さらに，異物混入防止対策としてAIB

(point) **対処すべき課題**

　　有報のなかで最も重要であり注目すべき項目。今，事業のなかで何かしら問題があればそれに対してどんな対策があるのか，上手くいっている部分をどう伸ばしていくのかなどの重要なヒントを得ることができる。また今後の成長に向けた技術開発の方向性や，新規事業の戦略ついての理解を深めることができる。

（American Institute of Baking）の「国際検査統合基準」による指導・監査システムを導入し，関係会社を含む全工場に管理を徹底するとともに順次監査を実施しております。また，表示に関しましては，当社及びグループ各社が発売する製品について，食品衛生管理センターの表示確認決定システムにより管理を徹底しております。

(2) 原材料の調達及び価格高騰 ···

　当社グループの食品事業の主要原料は，小麦粉，砂糖，油脂等農産物の一次加工品であり，卵，レーズン，苺等の農産物も原料として多量に使用しております。これらは生産地域の地球温暖化などの影響に伴う異常気象等による収穫量の減少や消費量の急激な増加のために需給が逼迫することがあり，また，投機資金の流入によって穀物等の国際相場が攪乱されることがあります。特に，輸入原料の場合は紛争発生や感染性疾病の流行により特定地域からの輸入が停止される可能性があります。また，原油価格の上昇等により，軽油，重油等の燃料や石油製品である包装材料，容器類の価格上昇が生じる可能性があります。

　当社グループでは，調達先の多様化によるリスク分散や市場原理に沿った様々な対応策を講じておりますが，突発的事情により原材料の安定的調達ができなくなった場合，又は仕入価格が高騰した場合，業績に影響を及ぼす可能性があります。

　原材料の調達及び価格高騰へのリスクに対応するため，この様なリスクは常に発生する可能性があるとの認識を持ち，原材料に係る情報の積極的な収集に努めるとともに，複数社による調達，国や産地の分散化，代替原材料の検討，諸外国との経済連携協定等の活用，生産販売部門との情報の共有などにより，サプライチェーンとの信頼関係の下，コストの削減及び安定供給に努めております。

(3) 自然災害 ···

　当社グループは，生産拠点として国内外に多数の工場を有しており，地震や台風等の自然災害が発生し，重大な被害を受けた工場が操業停止となった場合，当該工場の生産分を他の複数工場の増産とグループ会社を含めた自社物流網を活用

(point) 事業等のリスク

「対処すべき課題」の次に重要な項目。新規参入により長期的に価格競争が激しくなり企業の体力が奪われるようなことがあるため，その事業がどの程度参入障壁が高く安定したビジネスなのかなど考えるきっかけになる。また，規制や法律，訴訟なども企業によっては大きな問題になる可能性があるため，注意深く読む必要がある。

して緊急的に製品を供給し事業継続する体制を構築しておりますが，万一，当社グループの危機管理対策の想定範囲を超えた大規模な災害が発生した場合には，業績及び財政状態に影響を及ぼす可能性があります。

なお，地震や洪水等の自然災害時において，ライフラインが停止した状況でも直ぐに利用できるパンや米飯・調理パンは緊急食糧に適しており，多くの場合被災地の自治体から緊急食糧の供給要請があります。当社は緊急食糧の供給を含め，安定した食料供給は食品企業としての当社の社会的使命と考え，過去に発生いたしました阪神淡路大震災や東日本大震災，熊本地震などの大規模自然災害に際しましてもグループの総力を上げて対応してまいりました。

今後も自然災害に際し，直ちに本社および被災地に緊急対策本部を設置し，本社支援要員の速やかな現地派遣等により連携して早期復旧にあたる体制の強化，災害時通信網の整備，非常用発電装置の配備，情報システム2拠点化など，自然災害へ対応する事業継続体制整備へ向けて，さらに制度を上げた取り組みを推進してまいります。

（4） 取引先の経営破綻

当社グループは，各社が連携して調査機関や業界からの情報収集に基づき取引先の与信管理を徹底し，債権保全に万全を期しておりますが，当社グループの主要な得意先である広域営業の量販店，コンビニエンスストアチェーンにつきましては，取引金額が多額であることもあり，万一，経営破綻が発生し売掛債権が回収不能になった場合には，業績及び財政状態に影響を及ぼす可能性があります。

取引先の経営破綻のリスクに対応するため，債権管理システムを活用した入金遅延情報の早期把握や，店頭情報及び同業他社からの情報収集の強化を図り，経営破綻の兆候を発見するとともに，信用調査を定期的に実施し，支払条件の短縮及び保証金預りの交渉等の対策により，売掛債権の回収不能防止に取り組んでおります。

（5） 退職給付費用及び債務

当社グループの退職給付費用及び債務は，割引率等数理計算上で設定される前

提条件や年金資産の長期期待運用収益率に基づいて算定されておりますが，前掲条件が変更され数理計算差異が発生した場合や企業年金基金の運用成績が著しく悪化した場合には，業績及び財政状態に影響を及ぼす可能性があります。

退職給付費用及び債務のリスクに対応するため，年金資産運用の情報収集を行うとともに，年金資産運用受託機関からの詳細な情報を得て運用状況の改善に努めております。

(6) 海外事業

当社グループは，海外10ヶ国・地域において現地法人16社を有し，16ヶ所の製パン等の工場を運営するとともに，当社独自の冷凍生地技術を活用して246店のベーカリーを展開しております。海外事業のリスクとしては，次のような事業展開地域の政治，経済，社会情勢の変化等に起因する事業上の不利益要因が発生した場合，当社グループの業績に影響を及ぼす可能性があります。

① 予期しない法的規制・制度の変更（外資規制，営業許可制度，関税・輸出入規制等）
② 他社による類似商標，看板の使用等，知的財産権の侵害
③ 自然災害，紛争，テロの発生
④ 為替・金利変動

なお，為替変動のリスクについては，海外子会社の資金調達における金利負担軽減のため，親会社である当社から直接貸付を行う場合があり，為替の変動によって業績に影響を及ぼす可能性があります。

海外事業のリスクに対応するため，当該政府，金融機関，監査法人，弁護士等から情報収集を行い，予防，回避に努めております。上記のリスクが発生した場合に備え，事業の継続を念頭に対応策を早期に検討し実施する体制を構築しております。また，紛争，テロ等が発生した場合は従業員とその家族の安全確保を第一とし，状況により出向者及び家族の一時退避等の対策を実施いたします。

(7) 新型コロナウイルス感染症

新型コロナウイルス感染拡大を受け，新型コロナウイルスのワクチンの接種が

開始されましたが，今後の経過によっては，当社グループの事業活動及び収益確保に影響を及ぼす可能性があります。

　新型コロナウイルス感染症のリスクに対し，当社グループは，緊急事態においてパン，和菓子，洋菓子類を緊急食糧として社会に提供するという創業以来のヤマザキの精神に従い，新型コロナウイルス感染拡大の中で製品の安定供給を確保するため，全従業員に対して検温を実施し，37.2℃以上の発熱がある者は自宅待機とし，また発熱がない場合でも新型コロナウイルス独特の自覚症状がある者も自宅待機とし，この自宅待機者数とPCR検査陽性者数を日々管理しております。また，マスクの着用や手指の消毒など日常の感染防止対策を徹底するとともに，5人以上の会食の原則禁止や感染の恐れの高い遊興施設の利用禁止など，公衆衛生上の遵守事項を徹底しております。さらに，工場・事業所内の感染防止対策として，炭酸ガス濃度測定器によって，常時職場内の換気をしながら炭酸ガス濃度を700ppm以下に保つとともに，従業員向けに新型コロナワクチンの職域接種を推進し，社会的使命の達成に全力を挙げて取り組んでおります。

(8)　情報セキュリティ ···

　当社グループは，事業活動においてITシステムを幅広く活用しております。このため，サイバー攻撃やシステム運用上のトラブル等によって，ITシステムの停止や重要情報の漏洩・喪失が発生した場合には，事業の中断，損害賠償請求，セキュリティ対策費用の増加等により，事業及び財政状態に影響を及ぼす可能性があります。

　上記のリスクに対応するため，当社グループは，基幹系システム等の重要システムを堅牢性の高いデータセンターで管理しており，外部からのサイバー攻撃に対する多層的な防御・監視を24時間365日体制で運用しております。データセンター内のITシステムは二重化しており，非常時はバックアップシステムに切り替えることにより事業を継続可能な構成としております。また，サイバー攻撃やシステム運用上のトラブル等によって発生しうる損害賠償に対応するため「サイバー保険」に加入しております。

(point) **財政状態，経営成績及びキャッシュ・フローの状況の分析**

　「事業等の概要」の内容などをこの項目で詳しく説明している場合があるため，この項目も非常に重要。自社が事業を行っている市場は今後も成長するのか，それは世界のどの地域なのか，今社会の流れはどうなっていて，それに対して売上を伸ばすために何をしているのか，収益を左右する費用はなにか，などとても有益な情報が多い。

3　経営者による財政状態，経営成績及びキャッシュ・フローの状況の分析

（1）　経営成績等の状況の概要 ……………………………………………

　当連結会計年度における当社グループ（当社，連結子会社及び持分法適用関連会社）の財政状態，経営成績及びキャッシュ・フロー（以下，「経営成績等」という。）の状況の概要は次のとおりであります。

　なお，当期首から「収益認識に関する会計基準」（企業会計基準第29号2020年3月31日）等（以下「収益認識会計基準」という。）を適用しておりますが，前期との比較・分析については収益認識会計基準適用前の数値で行っております。

①　経営成績の状況

　当期におけるわが国の一般経済環境は，期初は新型コロナウイルスの感染拡大の影響もあり厳しい状況となりましたが，3月以降，まん延防止等重点措置が全面解除となり，行動制限が緩和され，景気は持ち直しの動きがみられました。一方で，急速な円安進行やロシア・ウクライナ情勢の影響による原材料価格やエネルギー価格の高騰もあり，力強さを欠くものとなりました。

　当業界におきましては，物価上昇によりお客様の節約志向が強まり消費が伸び悩む中で，主原料の小麦粉や油脂，包材などの原材料価格の高騰に加え，都市ガス，電気などのエネルギーコストの上昇もあり厳しい経営環境となりました。また，コンビニエンスストアやフレッシュベーカリーの小売事業につきましては，人流の回復に伴い，おにぎりやサンドイッチ，焼き立てパンなどの需要も徐々に回復してまいりましたが，光熱費の上昇により店舗コストが上昇するなど厳しい経営環境となりました。

　このような情勢下にありまして，当社グループは，緊急事態においてパン，和菓子，洋菓子類を緊急食糧として社会に提供するという創業以来のヤマザキの精神に従い，新型コロナウイルス感染拡大の中で製品の安定供給を確保するため，全従業員に対して検温を実施し，37.2℃以上の発熱がある者は自宅待機とし，また発熱がない場合でも新型コロナウイルス独特の自覚症状がある者も自宅待機とし，この自宅待機者数とPCR検査陽性者数を日々管理しました。また，マスクの着用や手指の消毒など日常の感染防止対策を徹底するとともに，5人以上の会食の原則禁止や感染の恐れの高い遊興施設の利用禁止など，公衆衛生上の遵守事

項を徹底しました。さらに、工場・事業所内の感染防止対策として、炭酸ガス濃度測定器によって、常時職場内の換気をしながら炭酸ガス濃度を700ppm以下に保つとともに、従業員向けに新型コロナワクチンの職域接種を推進し、社会的使命の達成に全力を挙げて取り組んでまいりました。

このような状況の中で、当社グループは、新型コロナウイルス感染防止対策の上に行う業績向上対策として、「いのちの道」の教えに従う、営業・生産が一体となった部門別製品施策・営業戦略、小委員会による「なぜなぜ改善」を推進し、ルヴァン種等を活用して品質の向上をはかるとともに、女性開発担当者を活用し、変化するお客様のニーズに対応した新製品開発に取り組むなど、各部門毎の業績向上をめざしました。また、当社は、主原料の小麦粉価格の度重なる上昇に対処するため、2022年1月1日並びに7月1日出荷分から、食パン、菓子パンの価格改定を実施するとともに、2極化・3極化戦略によって低価格帯製品や値頃感のある製品の品揃えを強化するなど価格帯毎に隙のない製品対応を推進し、業績の確保につとめました。また、同様の戦略を和菓子、洋菓子にも展開してまいりました。

デイリーヤマザキやヴィ・ド・フランスなど小売事業につきましては、小売事業業績改善プロジェクトにより日次管理・週次管理の経営手法を徹底し日々の仕事の精度向上につとめるとともに、小売事業本部内の戦略製品・戦略商品開発推進チームと連携し、ヤマザキの技術を最大限活用した、競争力のある商品開発を推進するなど業績回復をめざしました。

当社は2022年3月30日開催の第74回定時株主総会においてご承認いただき、同日付をもって監査等委員会設置会社に移行しました。これに伴い、常務会を業務執行の中心機関とし、その下部機関としてコーポレートガバナンス（企業統治）小委員会、営業生産合同（現業）小委員会、関係会社小委員会を設置して随時開催し、各部門または関係会社における問題・課題について、その問題・課題の原因追求とあるべき姿を求めて対処・対応し、日次管理・週次管理・月次決算の経営手法により、精度の高い効率的な業務執行を行い、業績の向上を期してまいりました。

また、当社は2022年8月26日開催の取締役会において、（株）神戸屋から包

装パンの製造販売事業および同社子会社の営むデリカ食品の製造販売事業を譲り受けることを決議し，同日，（株）神戸屋と株式譲渡契約を締結しました。事業の譲受け方法につきましては，(株) 神戸屋が新会社 (株) YKベーキングカンパニーを設立し，包装パン事業等を会社分割により承継させたうえで，同社の発行済株式全部を当社が取得することを予定しております。12月15日には，公正取引委員会から「排除措置命令を行わない旨の通知書」を受領し，公正取引委員会から承認を得ることができました。これを受け，当社内にYKベーキングカンパニー準備委員会を設置し，譲受けに向け準備を進めることといたしました。

当期の業績につきましては，連結売上高は1兆770億9百万円（対前連結会計年度比106.2％），連結営業利益は220億32百万円（対前連結会計年度比120.0％），連結経常利益は261億27百万円（対前連結会計年度比122.2％），親会社株主に帰属する当期純利益は123億68百万円（対前連結会計年度比119.2％）となり，山崎製パン（株）単体の食パンや菓子パンが好調に推移したことに加え，一部の連結子会社の業績が改善したこともあり，増収増益となりました。

	前連結会計年度 （自　2021年1月1日 至　2021年12月31日）	当連結会計年度 （自　2022年1月1日 至　2022年12月31日）	比較増減	
	金額（百万円）	金額（百万円）	前年 同期差 （百万円）	前年 同期比 （％）
売　上　高	1,052,972	1,077,009	24,036	102.3
営　業　利　益	18,359	22,032	3,673	120.0
経　常　利　益	21,382	26,127	4,745	122.2
親会社株主に帰属 する当期純利益	10,378	12,368	1,990	119.2

（注）1　当期首から「収益認識会計基準」を適用しており，前期と同様の基準で算出した売上高の対前連結会計年度比は106.2％であります。

セグメント別の業績は次のとおりであります。

〔食品事業〕

a　食パン部門（売上高1,003億47百万円，対前連結会計年度比106.0％）

食パンは，主力の「ロイヤルブレッド」が伸長し，「モーニングスター」や「スイートブレッド」などルヴァン種を活用し品質を向上させた低価格帯食パンが大きく伸長するとともに，サンドイッチ用食パンの回復や価格改定の寄与もあり，前期の売上を上回りました。

b　菓子パン部門（売上高3,802億6百万円，対前連結会計年度比106.3%）

　菓子パンは，主力の高級シリーズや「まるごとソーセージ」が好調に推移するとともに，値頃感のあるヤマザキ菓子パンシリーズが大きく伸長し，「ルヴァンバターロール」などの食卓ロールや「ベイクワン」シリーズなどの複数個入り製品が伸長しました。さらに海外子会社の売上が好調に推移したこともあり，前期の売上を上回りました。

c　和菓子部門（売上高707億93百万円，対前連結会計年度比104.2%）

　和菓子は，主力の串団子やまんじゅうが好調に推移し，複数個入りの大福や蒸しパンが伸長するとともに，「クリームたっぷり生どら焼」などチルド製品が売上に寄与するなど，前期の売上を上回りました。

d　洋菓子部門（売上高1,449億94百万円，対前連結会計年度比100.9%）

　洋菓子は，値頃感のある製品を充実させた主力の「2個入り生ケーキ」や「大きなツインシュー」などのシュークリームが堅調に推移したことに加え，（株）不二家の洋菓子事業が好調に推移したこともあり，前期の売上を上回りました。

e　調理パン・米飯類部門（売上高1,447億20百万円，対前連結会計年度比107.8%）

　調理パン・米飯類は，おにぎりやサンドイッチの売上が回復したことに加え，大徳食品（株）において調理麺の販路が拡大したこともあり，前期の売上を上回りました。

f　製菓・米菓・その他商品類部門（売上高1,610億86百万円，対前連結会計年度比111.6%）

　製菓・米菓・その他商品類は，（株）不二家の「カントリーマアムチョコまみれ」が大きく伸長し，新製品の「ホームパイチョコだらけ」が寄与するとともに，（株）東ハトの「ポテコ」や「あみじゃが」が伸長しました。以上の結果，食品事業の売上高は1兆21億48百万円（対前連結会計年度比106.5%），営業利益は223億26百万円（対前連結会計年度比111.5%）となりました。

(point) 設備投資等の概要

　セグメントごとの設備投資額を公開している。多くの企業にとって設備投資は競争力向上・維持のために必要不可欠だ。企業は売上の数%など一定の水準を設定して毎年設備への投資を行う。半導体などのテクノロジー関連企業は装置産業であり，技術発展がスピードが速いため，常に多額の設備投資を行う宿命にある。

[食品事業 前期比較]

	前連結会計年度 （自　2021年1月1日 至　2021年12月31日）	当連結会計年度 （自　2022年1月1日 至　2022年12月31日）	前年 同期差 （百万円）	前年 同期比 （％）
	金額（百万円）	金額（百万円）		
売　上　高	980,599	1,002,148	21,549	102.2
営　業　利　益	20,027	22,326	2,298	111.5

（注）1　当期首から「収益認識会計基準」を適用しており，前期と同様の基準で算出した売上高の対前連結会計年度比は106.5％であります。

〔流通事業〕

　デイリーヤマザキのコンビニエンスストア事業につきましては，戦略製品・戦略商品開発推進チームと連携して，「ランチパック大盛り」シリーズや新商品の「空飛ぶドーナツ」などヤマザキの技術を活用した魅力ある商品開発を推進しました。また，松戸ドミナントプロジェクトにおいてデイリーホットの収益改善に取り組み，この取組みを杉並リージョンにも広げるとともに，既存店の改装を行い，デイリーホット商品を中心としたヤマザキらしい売場づくりを推進しました。

　この結果，チェーン全店売上高は前期を上回るとともに，営業総収入は直営店舗数の増加により増収となりました。

　当期末の店舗数は，「デイリーヤマザキ」1,029店（16店減），「ニューヤマザキデイリーストア」309店（23店減），「ヤマザキデイリーストアー」11店（1店減），総店舗数1,349店（40店減）となりました。

　以上の結果，流通事業の売上高は616億57百万円（対前連結会計年度比102.2％），営業損失は31億1百万円（前連結会計年度は41億93百万円の営業損失）となりました。

[流通事業 前期比較]

	前連結会計年度 （自　2021年1月1日 至　2021年12月31日）	当連結会計年度 （自　2022年1月1日 至　2022年12月31日）	前年 同期差 （百万円）	前年 同期比 （％）
	金額（百万円）	金額（百万円）		
売　上　高	59,494	61,657	2,162	103.6
営　業　利　益	△4,193	△3,101	1,092	―

（注）1　当期首から「収益認識会計基準」を適用しており，前期と同様の基準で算出した売上高の対前連結会計年度比は102.2％であります。

(point) **主要な設備の状況**

　「設備投資等の概要」では各セグメントの1年間の設備投資金額のみの掲載だが，ここではより詳細に，現在セグメント別，または各子会社が保有している土地，建物，機械装置の金額が合計でどれくらいなのか知ることができる。

〔その他事業〕

　その他事業につきましては，売上高は132億3百万円（対前連結会計年度比104.6%），営業利益は24億27百万円（対前連結会計年度比112.7%）となりました。

[その他事業 前期比較]

	前連結会計年度 （自　2021年1月1日 至　2021年12月31日） 金額（百万円）	当連結会計年度 （自　2022年1月1日 至　2022年12月31日） 金額（百万円）	前年 同期差 （百万円）	前年 同期比 （%）
売上高	12,878	13,203	325	102.5
営業利益	2,154	2,427	273	112.7

(注)　1　当期首から「収益認識会計基準」を適用しており，前期と同様の基準で算出した売上高の対前連結会計年度比は104.6%であります。

②　財政状態の状況

　当連結会計年度末の資産合計は7,580億31百万円で，前連結会計年度末に比べ6億78百万円増加しました。

　当連結会計年度末の負債合計は3,501億33百万円で，前連結会計年度末に比べ250億1百万円減少しました。

　当連結会計年度末の純資産合計は4,078億97百万円で，前連結会計年度末に比べ256億80百万円増加しました。

③　キャッシュ・フローの状況

　当連結会計年度における連結ベースの現金及び現金同等物の当連結会計年度末残高は1,195億59百万円となり，前連結会計年度に対しては139億36百万円の減少となりました。

（営業活動によるキャッシュ・フロー）

　当連結会計年度において営業活動によるキャッシュ・フローは，税金等調整前当期純利益232億18百万円に加え，減価償却費394億36百万円などにより527億73百万円のプラスとなりましたが，前連結会計年度に対しては42億98百万円減少しました。

（投資活動によるキャッシュ・フロー）

　当連結会計年度において投資活動によるキャッシュ・フローは，有形固定資産の取得による支出などにより419億84百万円のマイナスとなり，前連結会計年度に対しては41億94百万円支出が増加しました。

（財務活動によるキャッシュ・フロー）

　当連結会計年度において財務活動によるキャッシュ・フローは，借入金の返済，自己株式の取得，配当金の支払などにより266億95百万円のマイナスで，前連結会計年度に対しては新規借入の減少もあり287億66百万円減少しました。

	前連結会計年度 （自　2021年1月1日 至　2021年12月31日） 金額（百万円）	当連結会計年度 （自　2022年1月1日 至　2022年12月31日） 金額（百万円）	増　減
営業活動によるキャッシュ・フロー	57,071	52,773	△4,298
投資活動によるキャッシュ・フロー	△37,790	△41,984	△4,194
財務活動によるキャッシュ・フロー	2,070	△26,695	△28,766
現金及び現金同等物に係る換算差額	927	1,970	1,043
現金及び現金同等物の増減額 （△は減少）	22,279	△13,936	△36,215
現金及び現金同等物の期首残高	102,842	133,495	30,652
新規連結に伴う現金及び 現金同等物の増加額	8,373	―	△8,373
現金及び現金同等物の期末残高	133,495	119,559	△13,936

④　生産、受注及び販売の状況

a　生産実績

　当連結会計年度の生産実績をセグメントごとに示すと，次のとおりであります。

セグメントの名称	前連結会計年度 （自　2021年1月1日 至　2021年12月31日） 金額（百万円）	当連結会計年度 （自　2022年1月1日 至　2022年12月31日） 金額（百万円）	前年 同期差 （百万円）	前年 同期比 （%）
食品事業	878,197	913,157	34,960	104.0
その他事業	101	103	1	101.3
合計	878,299	913,261	34,961	104.0

（注）　上記の金額には，消費税等は含まれておりません。

b　商品仕入実績

当連結会計年度の商品仕入実績をセグメントごとに示すと，次のとおりであります。

セグメントの名称	前連結会計年度 （自　2021年1月1日 至　2021年12月31日） 金額（百万円）	当連結会計年度 （自　2022年1月1日 至　2022年12月31日） 金額（百万円）	前年 同期差 （百万円）	前年 同期比 （％）
食品事業	30,152	34,714	4,561	115.1
流通事業	42,709	41,531	△1,178	97.2
合計	72,862	76,245	3,382	104.6

(注) 1　セグメント間取引については，相殺消去しております。

c　受注状況

当社グループの食品事業における製品は特に鮮度が重要視されますので，取引先からの日々の注文により生産しておりますが，納入時間の関係上受注締切以前に見込数で生産を開始し，最終的に生産数量の調整を行う受注方式であり，翌日繰越受注残はありません。

d　販売実績

当連結会計年度の販売実績をセグメントごとに示すと，次のとおりであります。

セグメントの名称	区分	前連結会計年度 （自　2021年1月1日 至　2021年12月31日） 金額（百万円）	当連結会計年度 （自　2022年1月1日 至　2022年12月31日） 金額（百万円）	比較増減 前年同期差 （百万円）	比較増減 前年同期比 （％）	(参考) 収益認識会計基準 適用前比較増減 前年同期差 （百万円）	(参考) 収益認識会計基準 適用前比較増減 前年同期比 （％）
食品事業	食パン	95,160	100,347	5,186	105.5	5,670	106.0
	菓子パン	359,934	380,206	20,272	105.6	22,840	106.3
	和菓子	68,379	70,793	2,413	103.5	2,851	104.2
	洋菓子	144,861	144,994	133	100.1	1,233	100.9
	調理パン・米飯類	143,086	144,720	1,634	101.1	11,221	107.8
	製菓・米菓・その他商品類	169,177	161,086	△8,091	95.2	19,679	111.6
	食品事業計	980,599	1,002,148	21,549	102.2	63,497	106.5
流通事業		59,494	61,657	2,162	103.6	1,310	102.2
その他事業		12,878	13,203	325	102.5	595	104.6
合計		1,052,972	1,077,009	24,036	102.3	65,404	106.2

(注) 1　セグメント間取引については，相殺消去しております。

(2)　経営者の視点による経営成績等の状況に関する分析・検討内容 …………

経営者の視点による当社グループの経営成績等の状況に関する認識及び分析・検討内容は次のとおりであります。なお，文中の将来に関する事項は，当連結会

(point) 設備の新設，除却等の計画

ここでは今後，会社がどの程度の設備投資を計画しているか知ることができる。毎期どれくらいの設備投資を行っているか確認すると，技術等での競争力維持に積極的な姿勢かどうか，どのセグメントを重要視しているか分かる。また景気が悪化したときは設備投資額を減らす傾向にある。

計年度末現在において判断したものであります。

① 重要な会計上の見積り及び当該見積りに用いた仮定

当社グループの連結財務諸表は，わが国において一般に公正妥当と認められている会計基準に基づき作成しております。この連結財務諸表を作成するにあたって，資産，負債，収益及び費用の報告額に影響を及ぼす見積り及び仮定を用いておりますが，これらの見積り及び仮定に基づく数値は実際の結果と異なる可能性があります。

連結財務諸表の作成にあたって用いた会計上の見積り及び仮定のうち，重要なものは「第5経理の状況1連結財務諸表等（1）連結財務諸表注記事項（重要な会計上の見積り）」に記載しております。

a 貸倒引当金

当社グループは，貸倒懸念債権等特定の債権について個別に回収可能性を検討し，回収不能見込額を計上しておりますが，将来，顧客の財政状態が悪化し支払能力が低下した場合は，引当金の追加計上が必要となる可能性があります。

b 投資有価証券の減損処理

当社グループは，投資有価証券を所有しておりますが，その価値が50％以上下落した場合及び2ヶ年以上継続して30％から50％下落している場合は，減損処理を実施しております。将来の市況悪化や投資先の業績不振等によっては，更に減損処理が必要となる可能性があります。

c 繰延税金資産

当社グループは，繰延税金資産については，将来の課税所得の見込み及び税務計画に基づき，回収可能性を十分に検討し，回収可能な額を計上しております。なお，既に計上した繰延税金資産については，その実現可能性について毎期検討し，内容の見直しを行なっておりますが，将来の課税所得の見込みの変化やその他の要因に基づき繰延税金資産の実現可能性の評価が変更された場合，繰延税金資産の取崩又は追加計上により親会社株主に帰属する当期純利益が変動する可能性があります。

d 退職給付費用及び債務

退職給付費用及び債務は，数理計算上で設定される前提条件に基づいて算出さ

(point) **株式の総数等**

発行可能株式総数とは，会社が発行することができる株式の総数のことを指す。役員会では，株主総会の了承を得ないで，必要に応じてその株数まで，株を発行することができる。敵対的TOBでは，経営陣が，自社をサポートしてくれる側に，新株を第三者割り当てで発行して，買収を防止することがある。

れております。これらの前提条件には，割引率，将来の報酬水準，退職率，直近の統計数値に基づいて死亡率及び年金資産の長期期待運用収益率等が含まれます。当社及び国内子会社の年金制度においては，割引率は優良社債の利回りに基づき，長期期待運用収益率については年金資産の過去の運用実績等に基づき決定しております。

実際の結果が前提条件と異なる場合，または前提条件が変更された場合，その影響は将来にわたって規則的に認識されるため，将来の期間において認識される費用及び計上される債務に影響を及ぼします。

② 当連結会計年度の経営成績等の状況に関する認識及び分析・検討内容

当期首から「収益認識に関する会計基準（企業会計基準第29号2020年3月31日）等を適用しておりますので，前期との比較・分析については，収益認識会計基準適用前の数値で行っております。

当社グループの当連結会計年度の経営成績は，売上高は1兆770億9百万円（前連結会計年度比6.2%増）で，2極化・3極化戦略によって低価格帯製品や値頃感のある製品の品揃えを強化し，隙の無い製品対応を図った食パン・菓子パンが順調に推移するとともに，人流の回復でコンビニエンスストアやフレッシュベーカリーの小売事業が回復傾向になった事もあり，前連結会計年度を上回りました。営業利益は220億32百万円（前連結会計年度比20.0%増），経常利益は261億27百万円（前連結会計度比22.2%増）で，増益と人件費率のダウンもあり，営業利益，経常利益ともに増益となりました。また，親会社株主に帰属する当期純利益も，123億68百万円（前連結会計度比19.2%増）で，新型コロナウイルス感染症に係る助成金収入の減少はありましたものの，前連結会計年度を上回りました。

当社は，2023年4月期には輸入小麦の政府売渡価格の上昇が見込まれており，また卵や包材などの原材料価格やエネルギーコスト高騰の更なる上昇が見込まれる厳しい経営環境の中にありますが，引き続き新型コロナウイルス感染防止対策の徹底につとめるとともに，いのちの道の教えに従った部門別製品施策・営業戦略，小委員会による「なぜなぜ改善」によって，変化する市場のニーズを的確に

(point) **連結財務諸表等**

ここでは主に財務諸表の作成方法についての説明が書かれている。企業は大蔵省が定めた規則に従って財務諸表を作るよう義務付けられている。また金融商品法に従い，作成した財務諸表がどの監査法人によって監査を受けているかも明記されている。

捉え，各部門毎の新しい価値と新しい需要を創造して業績の向上を目指します。

　また，小売事業においては，小売事業業績改善プロジェクトにおいて日次管理・週次管理を徹底し，戦略製品・戦略商品開発チームを中心にいのちの道の教えに従ったヤマザキパンの小売事業のあるべき姿を追求して，グループの総力を挙げた戦略製品の開発に取り組む事により，小売事業の業績の向上を目指します。

　今後も当社グループは，持続的な成長と中長期的な企業価値の向上を実現するため，財政基盤の安定，収益性の改善，資本効率の向上に取り組み，連結経常利益率3％以上，連結ROE5％以上を達成すべく全力を挙げて取り組みます。

a　売上高

　売上高を事業の種類別に見ますと，食品事業は品質の向上と2極化・3極化戦略によって，低価格帯製品や値頃感のある製品を強化した事もあり，食パン・菓子パン部門が好調に推移しました。和菓子部門は主力の串団子や複数個入りの大福などが伸長，洋菓子部門はシュークリームや一部の子会社が伸長しました。人流の回復もありフレッシュベーカリーの小売事業やコンビニエンスストア向け製品が主要販路の調理パン・米飯類部門も伸長しました。製菓・米菓・その他商品類部門は一部の子会社で既存製品が伸長した事に加え，新製品の寄与により伸長しました。食品事業全体では1兆21億48百万円（前連結会計年度比6.5％増）で前期を上回りました。流通事業ではデイリーヤマザキで，ヤマザキの技術を活用した魅力ある商品の開発推進に加え，直営店舗数の増加があり，616億57百万円（前連結会計年度比2.2％増）と伸長し，その他事業は132億3百万円（前連結会計年度比4.6％増）でした。

　なお，売上高の詳細については，「第2事業の状況」「3経営者による財政状態，経営成績及びキャッシュ・フローの状況の分析」（1）経営成績等の状況の概要①経営成績の状況に記載の通りです。

b　営業利益

　売上総利益率は，原材料費率や光熱費等の増がもあり，34.1％で前連結会計年度を0.8％下回りました。

　販売費及び一般管理費は3,215億74百万円，売上高に対する比率は32.2％で，人件費率や販売促進費用の減少もあり，前連結会計年度を1.0％下回りました。

以上の結果，営業利益は220億32百万円（前連結会計年度比20.0％増）となりました。

　セグメント別では，食品事業の営業利益は増収と労務費率の減少により，223億26百万円（前連結会計年度比11.5％増），流通事業はロイヤリティ収入の増や値入率の改善，ロス率の低減等もあり，営業損失が31億1百万円（前連結会計年度は41億93百万円の営業損失）と縮小，その他事業の営業利益は増収により24億27百万円（前連結会計年度比12.7％増）でした。

c　経常利益

　営業外収益面で，外貨建貸付金に係る為替差益の計上もあり，経常利益は261億27百万円（前連結会計年度比22.2％増）となりました。なお，目標とする経営指標の連結売上高経常利益率3％以上に対し，当連結会計年度は2.4％でしたが，前連結会計年度に対しては0.4％上回りました。

d　親会社株主に帰属する当期純利益

　新型コロナウイルス感染症に係る助成金収入の減少はありましたが，税金等調整前当期純利益は232億18百万円（前連結会計年度比16.4％増），親会社株主に帰属する当期純利益は123億68百万円で，前連結会計年度に比べ19.2％の増益となりました。当連結会計年度の1株当たり当期純利益は59円10銭で，前連結会計年度に比べ10円50銭増加しました。なお，目標とする経営指標の連結ROEの5％以上に対し，当連結会計年度は3.5％でしたが前連結会計年度に対しては0.4％増加しました。

③　財政状態の分析

　当連結会計年度末の資産合計は7,580億31百万円で，前連結会計年度末に対し6億78百万円増加しました。

　主な要因は，流動資産が2,913億21百万円で，受取手形及び売掛金が91億17百万円増加したこと等により，前連結会計年度末に対し13億36百万円増加したことと，固定資産が4,667億9百万円で，有形固定資産が38億58百万円増加しましたが，投資その他の資産が56億23百万円減少したこと等により，前連結会計年度末に対し6億57百万円減少したことによるものです。

(point) **連結財務諸表**

　ここでは貸借対照表(またはバランスシート，BS)，損益計算書(PL)，キャッシュフロー計算書の詳細を調べることができる。あまり会計に詳しくない場合は，最低限，損益計算書の売上と営業利益を見ておけばよい。可能ならば，その数字が過去5年，10年の間にどのように変化しているか調べると会社への理解が深まるだろう。

負債は3,501億33百万円で，借入金の返済や退職給付に係る負債の減少等により，前連結会計年度末に対し250億1百万円減少しました。

　純資産は4,078億97百万円で，自己株式の取得による減少はありましたが，利益剰余金が77億35百万円，退職給付に係る調整累計額が148億11百万円それぞれ増加したこと等により，前連結会計年度末に対し256億80百万円増加しました。なお，自己資本比率は48.0％で前連結会計年度に比べ2.8％の増，1株当たり純資産は1,743円42銭で前連結会計年度に比べ133円85銭の増となりました。

	前連結会計年度 （自　2021年1月1日 至　2021年12月31日）	当連結会計年度 （自　2022年1月1日 至　2022年12月31日）	前期差
	金額（百万円）	金額（百万円）	
流 動 資 産	289,984	291,321	1,336
固 定 資 産	467,367	466,709	△657
資 産 合 計	757,352	758,031	678
負 債 合 計	375,135	350,133	△25,001
純 資 産 合 計	382,217	407,897	25,680
負債純資産合計	757,352	758,031	678

④　資本の財源及び資金の流動性について

　当連結会計年度末の借入金残高は785億75百万円でありますが，営業活動によるキャッシュ・フローや現金及び現金同等物の残高を考慮すると，当社グループは将来必要とされる成長資金及び有利子負債の返済に対し，当面充分な流動性を確保しております。

　また，当社グループは，第1に，手元流動性を極力最小限に抑える。第2に営業活動によるキャッシュ・フローは会社の維持発展に必要な設備投資に充当する。なお，今後の重要な設備投資の計画につきましては，「第3設備の状況3設備の新設，除却等の計画（1）重要な設備の新設等」に記載のとおりであります。第3に余剰資金は金利負担の軽減をはかるため適宜借入金の返済に充当する。以上の3項目を目標にしてキャッシュ・フローの有効活用に努めます。株主還元につきましては，株主の皆様への安定配当を継続することを基本方針とし，連結配当性向30％を目標にしております。なお，当期の連結配当性向は37.2％であります。

⑤　当社グループの経営成績に重要な影響を与える要因

　当社グループの経営成績に重要な影響を与える要因は，「2　事業等のリスク」に記載のとおりであります。

■ 設備の状況

1　設備投資等の概要

　当社グループでは，「最高の品質と最善のサービス（今日到達しうるベストクオリティ・ベストサービスの実践，実行，実証）」を基本方針とし，食品の安全衛生管理の徹底と積極果敢な技術革新に取り組んでおります。当連結会計年度は，食品事業を中心に41,447百万円の設備投資を実施いたしました。主要な設備投資といたしましては，（株）不二家の製菓生産設備であります。

　食品事業においては，38,638百万円の設備投資を実施いたしました。主な投資内容としましては，当社各工場において生産能力の増強と品質の安定向上を目的とした設備投資を実施し，また，（株）不二家や（株）サンデリカにおいて生産拡大と能力増強を目的とした設備投資を実施いたしました。

　流通事業においては，1,879百万円の設備投資を実施いたしました。主な投資内容としては，店舗運営什器に伴う投資であります。

2 主要な設備の状況

（1） 提出会社

事業所名 （所在地）	セグメントの 名称	設備の内容	帳簿価額（百万円）						従業員数 （人）
			建物及び 構築物	機械装置 及び運搬具	工具器具 及び備品	土地 ［面積㎡]	リース資産	合計	
松戸工場 （千葉県松戸市）	食品事業	パン、和・洋菓子 等生産設備	3,253	3,524	87	3,538 [48,802] (6,153)	16	10,419	1,090 [340]
千葉工場 （千葉市美浜区）	食品事業	パン、和・洋菓子 等生産設備	2,176	1,669	73	5,015 [78,331] (5,854)	20	8,954	970 [332]
武蔵野工場 （東京都東久留米市）	食品事業	パン、和・洋菓子 等生産設備	2,333	2,755	58	1,988 [58,439] (6,912)	15	7,151	916 [271]
埼玉工場 （埼玉県所沢市）	食品事業	パン、和・洋菓子 等生産設備	1,694	2,126	65	4,650 [30,108] (7,975)	8	8,544	630 [180]
杉並工場 （東京都杉並区）	食品事業	販売設備	625	100	22	4,200 [11,507] (—)	10	4,959	227 [84]
横浜第一工場 （横浜市戸塚区）	食品事業	パン、和・洋菓子 等生産設備	1,446	1,594	31	1,261 [24,180] (7,238)	12	4,347	613 [201]
横浜第二工場 （横浜市都筑区）	食品事業	パン、和・洋菓子 等生産設備	2,291	1,847	37	1,926 [39,952] (11,395)	14	6,116	806 [291]
古河工場 （茨城県古河市）	食品事業	パン、和・洋菓子 等生産設備	2,543	2,760	60	208 [73,725] (11,766)	15	5,588	835 [217]
伊勢崎工場 （群馬県伊勢崎市）	食品事業	パン、和・洋菓子 等生産設備	4,516	4,528	64	427 [59,674] (11,477)	—	9,537	406 [126]
仙台工場 （宮城県柴田郡柴田町）	食品事業	パン、和・洋菓子 等生産設備	1,416	1,694	82	314 [26,503] (12,866)	12	3,519	659 [252]
新潟工場 （新潟市江南区）	食品事業	パン、和・洋菓子 等生産設備	588	756	54	77 [25,337] (6,304)	17	1,493	481 [161]
札幌工場 （北海道恵庭市）	食品事業	パン、和・洋菓子 等生産設備	801	1,192	23	2,067 [96,743] (1,277)	7	4,092	576 [301]
十和田工場 （青森県十和田市）	食品事業	パン、和・洋菓子 等生産設備	146	442	9	1,049 [14,906] (—)	0	1,648	115 [39]
大阪第一工場 （大阪府吹田市）	食品事業	パン、和・洋菓子 等生産設備	1,187	799	58	258 [16,582] (178)	11	2,315	559 [159]
神戸工場 （神戸市西区）	食品事業	パン生産設備	7,435	3,828	62	534 [2,896] (—)	0	11,861	295 [47]
大阪第二工場 （大阪府松原市）	食品事業	パン、和・洋菓子 等生産設備	1,973	2,072	65	585 [41,522] (14,364)	14	4,711	988 [288]
京都工場 （京都府宇治市）	食品事業	パン、和・洋菓子 等生産設備	1,829	1,503	42	1,573 [39,042] (2,671)	22	4,971	715 [299]
阪南工場 （大阪府羽曳野市）	食品事業	パン、和・洋菓子 等生産設備	525	699	20	6,292 [37,249] (—)	0	7,538	242 [73]
名古屋工場 （名古屋市西区）	食品事業	パン、和・洋菓子 等生産設備	2,964	2,520	113	2,778 [58,031] (8,311)	20	8,397	935 [374]
安城工場 （愛知県安城市）	食品事業	パン、和・洋菓子 等生産設備	2,197	2,163	51	1,608 [47,795] (5,934)	16	6,037	727 [356]
岡山工場 （岡山県総社市）	食品事業	パン、和・洋菓子 等生産設備	1,445	1,798	58	1,438 [59,740] (13,041)	14	4,755	727 [247]
広島工場 （広島市安佐北区）	食品事業	パン、和・洋菓子 等生産設備	1,818	1,509	48	411 [22,071] (18,222)	71	3,860	600 [208]
福岡工場 （福岡県古賀市）	食品事業	パン、和・洋菓子 等生産設備	1,942	1,625	84	645 [73,958] (—)	10	4,309	942 [238]

事業所名 (所在地)	セグメントの 名称	設備の内容	帳簿価額(百万円)						従業員数 (人)
			建物及び 構築物	機械装置 及び運搬具	工具器具 及び備品	土地 [面積㎡]	リース資産	合計	
熊本工場 (熊本県宇城市)	食品事業	パン、和・洋菓子等生産設備	1,014	1,012	57	776 [69,348] (—)	46	2,907	659 [187]
安城冷生地事業所 (愛知県安城市)	食品事業	冷凍生地生産設備	250	769	7	— [—] (—)	—	1,026	107 [48]
神戸冷生地事業所 (神戸市西区)	食品事業	冷凍生地生産設備	636	781	8	— [—] (—)	—	1,426	70 [37]
デイリーヤマザキ事業 統括本部 (千葉県市川市)	流通事業	店舗販売設備	4,400	476	2,448	1,689 [12,836] (286,000)	3	9,017	828 [146]
本社 (東京都千代田区)	食品事業	統括業務施設	10,826	324	1,913	15,700 [58,359] (—)	722	29,486	989 [386]
営業所	食品事業	販売設備	3,757	3,147	100	17,882 [297,659] (30,125)	633	25,521	2,043 [738]

(2) 国内子会社

事業所名 (所在地)	セグメントの 名称	設備の内容	帳簿価額(百万円)						従業員数 (人)
			建物及び 構築物	機械装置 及び運搬具	工具器具 及び備品	土地 [面積㎡]	リース資産	合計	
㈱不二家 (東京都文京区)	食品事業 その他事業	洋菓子、製菓等生産設備	10,933	13,974	551	6,402 [330,944] (82,306)	611	32,474	2,381 [3,887]
㈱サンデリカ (東京都千代田区)	食品事業	調理パン、米飯等生産設備	10,595	6,611	203	5,488 [98,366] (30,547)	677	23,575	1,935 [4,619]
ヤマザキビスケット㈱ (東京都新宿区)	食品事業	ビスケット、スナック等生産設備	4,693	4,314	80	1,363 [109,454] (—)	212	10,663	858 [137]
㈱ヴィ・ド・フランス (東京都江戸川区)	食品事業	店舗販売設備	2,724	128	99	— [—] (—)	387	3,339	456 [51]
㈱東ハト (東京都豊島区)	食品事業	ビスケット、スナック等生産設備	4,200	2,728	95	2,511 [37,263] (8,512)	89	9,625	679 [241]
大徳食品㈱ (奈良県大和郡山市)	食品事業	麺類生産設備	1,625	940	26	1,954 [67,855] (6,905)	12	4,559	380 [584]
㈱イケダパン (鹿児島県姶良市)	食品事業	パン、和・洋菓子等生産設備	1,076	1,140	66	1,871 [77,412] (—)	113	4,269	570 [981]
㈱ヴィ・ディー・ エフ・サンロイヤル (埼玉県春日部市)	食品事業	冷凍生地等 生産設備及び 店舗販売設備	953	987	28	269 [4,487] (1,977)	0	2,238	216 [16]
㈱高知ヤマザキ (高知県高知市)	食品事業	パン、和・洋菓子等生産設備	164	326	13	292 [10,270] (1,190)	0	796	175 [68]
㈱スリーエスフーズ (京都府久世郡久御山町)	食品事業	パン等生産設備	673	601	11	— [—] (—)	6	1,294	128 [41]
㈱サンキムラヤ (山梨県甲府市)	食品事業	パン、和・洋菓子等生産設備	580	487	16	797 [20,132] (3,726)	—	1,877	164 [49]
㈱サンミックス (千葉県美浜区)	食品事業	製パン原料生産設備	165	87	4	595 [6,608] (—)	7	860	42 [21]
㈱末広製菓 (新潟県西蒲区)	食品事業	米菓、調理パン、米飯等生産設備	428	334	16	324 [28,973] (—)	1	1,106	188 [84]
㈱ヤマザキ (東京都千代田区)	食品事業 その他事業	店舗販売設備 その他設備	275	8	9	27 [219] (710)	3	325	85 [22]
秋田いなふく米菓㈱ (秋田県秋田市)	食品事業	米菓等生産設備	181	234	6	577 [27,473] (—)	—	1,000	99 [57]

事業所名 (所在地)	セグメントの 名称	設備の内容	帳簿価額(百万円)						従業 員数 (人)
			建物及び 構築物	機械装置 及び運搬具	工具器具 及び備品	土地 [面積㎡]	リース資産	合計	
㈱スーパーヤマザキ (東京都府中市)	流通事業	店舗販売設備	213	2	22	1,305 [4,345] (-)	5	1,549	63 [67]
㈱ヤマザキ物流 (東京都清瀬市)	その他事業	配送車両	613	276	69	267 [1,940] (9,935)	252	1,478	605 [186]
㈱サンロジスティックス (埼玉県所沢市)	その他事業	配送車両	512	374	67	- [-] (69,853)	3	958	376 [139]
㈱ヤマザキ エンジニアリング (東京都千代田区)	その他事業	設計設備	73	10	3	603 [3,745] (-)	-	690	41 [27]
㈱ヤマザキクリーン サービス (静岡県富士宮市)	その他事業	食品製造機械器具 の洗浄剤の 製造設備	224	57	1	- [-] (-)	-	283	11 [8]

(3) 在外子会社 ……………………………………………………………

事業所名 (所在地)	セグメントの 名称	設備の内容	帳簿価額(百万円)						従業 員数 (人)
			建物及び 構築物	機械装置 及び運搬具	工具器具 及び備品	土地 [面積㎡]	リース資産	合計	
ヴィ・ド・フランス・ ヤマザキ, Inc. (米国ヴァージニア)	食品事業	冷凍生地等 生産設備及び 店舗販売設備	120	439	26	- [-] (-)	-	586	60 [332]
フォーリーブズ PTE. Ltd. (シンガポール)	食品事業	冷凍生地等 生産設備及び 店舗販売設備	296	291	12	- [-] (4,716)	1,612	2,213	481 [122]
ベイクワイズ ブラン ズ, Inc. (米国ニューヨーク)	食品事業	パン生産設備	282	432	63	21 [4,087] (1,300)	-	799	127 [-]
トム キャット ベーカリ ー, Inc. (米国ニューヨーク)	食品事業	パン生産設備	90	312	3	- [-] (5,471)	-	406	80 [-]
香港山崎麺飽有限公司 (香港新界)	食品事業	冷凍生地等 生産設備及び 店舗販売設備	1,260	627	19	- [-] (6,936)	1,201	3,107	410 [209]
台湾山崎股份有限公司 (台湾台北)	食品事業	冷凍生地等 生産設備及び 店舗販売設備	216	86	27	627 [4,621] (-)	-	958	456 [291]
タイ ヤマザキ Co.,Ltd. (タイバンコク)	食品事業	冷凍生地等 生産設備及び 店舗販売設備	467	274	128	- [-] (-)	-	870	1,064 [114]
PT. ヤマザキ インドネシ ア (インドネシアブカシ)	食品事業	パン生産設備	1,972	2,677	149	- [-] (30,373)	-	4,800	300 [283]

（注）1　帳簿価額には建設仮勘定は含まれておりません。

　　　2　現在休止中の主要な生産設備はありません。

　　　3　従業員数の［　］は，臨時従業員数を外書きしております。

　　　4　土地の一部を賃借しており，面積については，（　）で外書きしております。

5 上記の他リース並びにレンタル契約による主な賃借設備は下記のとおりであります。

賃借設備	数量
オフィスプロセッサー	36 セット
パーソナルコンピューター	489 〃
汎用コンピューター	1 〃
店舗什器設備	5 式
店舗内外装設備	1 〃
店舗端末機	16 台
複写機、ファクシミリ他 事務機器	124 〃
配送車他 車両	624 〃

3 設備の新設，除却等の計画

（1） 重要な設備の新設等 ···

当連結会計年度末現在における重要な設備の新設，改修等の計画の主なものは次のとおりであります。

会社名	事業所名 （所在地）	セグメントの名称	設備の内容	投資予定額		資金調達方法	着手年月	完了予定年月	完成後の増加能力
				総額 （百万円）	既支払額 （百万円）				
㈱ヤマザキ物流	盛岡営業所 （岩手県滝沢市）	その他事業	盛岡営業所新設	284	180	自己資金	2022年7月	2023年4月	東北エリア物流改善
ベイクワイズブランズ, Inc	本社工場 （米国ニューヨーク州）	食品事業	ベーグル包装機更新	207	124	自己資金	2022年1月	2023年6月	生産能力21%増
㈱ヴイ・ディー・エフ・サンロイヤル	岩槻事業所 （埼玉県さいたま市）	食品事業	冷凍生地生産設備更新	350	－	自己資金	2023年4月	2023年9月	生産能力向上
㈱サンロジスティックス	千葉配送センター （千葉県印西市）	その他事業	デジタルコンベア配分機更新	210	－	自己資金	2022年10月	2023年10月	物流品質向上
	埼玉配送センター （埼玉県北葛飾郡杉戸町）	その他事業	デジタルコンベア配分機更新	200	－	自己資金	2022年10月	2024年10月	物流品質向上

（2） 重要な設備の除却等 ···

経常的な設備の更新のための除却等を除き，重要な設備の除却等の計画はありません。

1　株式等の状況

（1）　株式の総数等

①　株式の総数

種類	発行可能株式総数（株）
普通株式	800,000,000
計	800,000,000

②　発行済株式

種類	事業年度末現在発行数（株）（2022年12月31日）	提出日現在発行数（株）（2023年3月30日）	上場金融商品取引所名又は登録認可金融商品取引業協会名	内容
普通株式	220,282,860	220,282,860	東京証券取引所プライム市場	単元株式数100株
計	220,282,860	220,282,860	—	—

1 連結財務諸表及び財務諸表の作成方法について

（1）　当社の連結財務諸表は，「連結財務諸表の用語，様式及び作成方法に関する規則」（昭和51年大蔵省令第28号。以下，「連結財務諸表規則」という。）に基づいて作成しております。

（2）　当社の財務諸表は，「財務諸表等の用語，様式及び作成方法に関する規則」（昭和38年大蔵省令第59号。以下「財務諸表等規則」という。）に基づいて作成しております。

　　なお，当社は，特例財務諸表提出会社に該当し，財務諸表等規則第127条の規定により財務諸表を作成しております。

2 監査証明について

　当社は，金融商品取引法第193条の2第1項の規定に基づき，連結会計年度（2022年1月1日から2022年12月31日まで）の連結財務諸表及び事業年度（2022年1月1日から2022年12月31日まで）の財務諸表について，双研日栄監査法人により監査を受けております。

3 連結財務諸表等の適正性を確保するための特段の取組みについて

　当社は，連結財務諸表等の適正性を確保するための特段の取組みを行っております。

　具体的には，会計基準等の内容を適切に把握し，また，会計基準等の変更等について的確に対応することができる体制を整備するため，公益財団法人財務会計基準機構へ加入し，各種情報を取得するとともに，当該法人や各種団体の主催する研修への参加，会計専門誌の定期購読等を行っております。

（1） 連結財務諸表

① 連結貸借対照表

（単位：百万円）

	前連結会計年度 （2021年12月31日）		当連結会計年度 （2022年12月31日）	
資産の部				
流動資産				
現金及び預金		138,143		125,184
受取手形及び売掛金	※4	114,588		―
受取手形		―	※4	184
売掛金		―		123,520
商品及び製品		12,034		13,254
仕掛品		718		922
原材料及び貯蔵品		11,793		13,952
その他		13,093		14,690
貸倒引当金		△387		△388
流動資産合計		289,984		291,321
固定資産				
有形固定資産				
建物及び構築物		406,315		416,940
減価償却累計額		△297,389		△304,580
建物及び構築物（純額）		108,925		112,360
機械装置及び運搬具		540,592		557,718
減価償却累計額		△453,690		△469,382
機械装置及び運搬具（純額）		86,902		88,336
工具、器具及び備品		39,220		40,826
減価償却累計額		△31,588		△33,197
工具、器具及び備品（純額）		7,631		7,628
土地		113,331		114,813
リース資産		17,436		19,872
減価償却累計額		△10,656		△12,933
リース資産（純額）		6,779		6,939
建設仮勘定		4,957		2,307
有形固定資産合計	※2	328,527	※2	332,385
無形固定資産				
のれん		10,764		10,518
その他		11,494		12,847
無形固定資産合計		22,258		23,365
投資その他の資産				
投資有価証券	※1	65,219	※1	65,876
長期貸付金		877		812
退職給付に係る資産		457		490
繰延税金資産		22,309		16,129
その他	※2	30,243	※2	29,866
貸倒引当金		△2,525		△2,217
投資その他の資産合計		116,581		110,958
固定資産合計		467,367		466,709
資産合計		757,352		758,031

	前連結会計年度 （2021年12月31日）	当連結会計年度 （2022年12月31日）
負債の部		
流動負債		
支払手形及び買掛金	※4　76,414	※4　83,496
短期借入金	※2　60,913	※2　55,795
リース債務	2,942	3,159
未払法人税等	5,793	6,273
未払費用	41,634	39,079
賞与引当金	4,952	5,186
販売促進引当金	1,238	－
店舗閉鎖損失引当金	37	47
資産除去債務	16	29
その他	※4　41,342	※4,※5　44,272
流動負債合計	235,286	237,341
固定負債		
長期借入金	※2　29,172	※2　22,779
リース債務	4,831	4,476
役員退職慰労引当金	4,212	4,795
債務保証損失引当金	33	33
退職給付に係る負債	89,943	68,598
資産除去債務	5,043	4,977
その他	6,611	7,131
固定負債合計	139,848	112,791
負債合計	375,135	350,133
純資産の部		
株主資本		
資本金	11,014	11,014
資本剰余金	9,633	9,632
利益剰余金	310,080	317,816
自己株式	△14,817	△21,891
株主資本合計	315,910	316,572
その他の包括利益累計額		
その他有価証券評価差額金	26,780	27,838
繰延ヘッジ損益	0	△14
土地再評価差額金	※6　99	※6　99
為替換算調整勘定	987	5,635
退職給付に係る調整累計額	△1,204	13,607
その他の包括利益累計額合計	26,663	47,166
非支配株主持分	39,643	44,158
純資産合計	382,217	407,897
負債純資産合計	757,352	758,031

②　連結損益計算書及び連結包括利益計算書

連結損益計算書

	前連結会計年度 (自 2021年1月1日 至 2021年12月31日)		当連結会計年度 (自 2022年1月1日 至 2022年12月31日)	
売上高		1,052,972	※1	1,077,009
売上原価	※5	685,116	※5	733,401
売上総利益		367,855		343,607
販売費及び一般管理費	※2,※5	349,496	※2,※5	321,574
営業利益		18,359		22,032
営業外収益				
受取利息		149		122
受取配当金		1,292		1,383
固定資産賃貸収入		892		992
為替差益		546		879
持分法による投資利益		510		585
雑収入		1,232		1,652
営業外収益合計		4,624		5,615
営業外費用				
支払利息		787		752
固定資産賃貸費用		315		327
雑損失		498		441
営業外費用合計		1,601		1,520
経常利益		21,382		26,127
特別利益				
固定資産売却益	※3	100	※3	108
助成金収入	※6	2,329	※6	591
補助金収入		—		168
その他		1		31
特別利益合計		2,430		900
特別損失				
固定資産除売却損	※4	1,375	※4	1,617
減損損失	※7	1,827	※7	1,449
その他		654		742
特別損失合計		3,857		3,808
税金等調整前当期純利益		19,955		23,218
法人税、住民税及び事業税		8,786		9,275
法人税等調整額		△1,311		△546
法人税等合計		7,475		8,728
当期純利益		12,480		14,490
非支配株主に帰属する当期純利益		2,102		2,121
親会社株主に帰属する当期純利益		10,378		12,368

連結包括利益計算書

（単位：百万円）

	前連結会計年度 （自 2021年1月1日 至 2021年12月31日）	当連結会計年度 （自 2022年1月1日 至 2022年12月31日）
当期純利益	12,480	14,490
その他の包括利益		
その他有価証券評価差額金	1,606	1,077
為替換算調整勘定	1,441	6,054
退職給付に係る調整額	8,459	15,037
持分法適用会社に対する持分相当額	24	△30
その他の包括利益合計	※1　11,531	※1　22,138
包括利益	24,012	36,628
（内訳）		
親会社株主に係る包括利益	21,239	32,871
非支配株主に係る包括利益	2,772	3,757

③ 連結株主資本等変動計算書

前連結会計年度（自　2021年1月1日　至　2021年12月31日）

（単位：百万円）

	株主資本				
	資本金	資本剰余金	利益剰余金	自己株式	株主資本合計
当期首残高	11,014	9,660	299,251	△5,241	314,684
当期変動額					
剰余金の配当			△4,782		△4,782
親会社株主に帰属する当期純利益			10,378		10,378
非支配株主との取引に係る親会社の持分変動		△27			△27
連結子会社の増加に伴う利益剰余金の増加			5,233		5,233
自己株式の取得				△9,576	△9,576
自己株式の処分		0		0	0
株主資本以外の項目の当期変動額（純額）					
当期変動額合計	−	△27	10,829	△9,576	1,226
当期末残高	11,014	9,633	310,080	△14,817	315,910

	その他の包括利益累計額						非支配株主持分	純資産合計
	その他有価証券評価差額金	繰延ヘッジ損益	土地再評価差額金	為替換算調整勘定	退職給付に係る調整累計額	その他の包括利益累計額合計		
当期首残高	25,168	−	99	91	△9,556	15,802	31,896	362,383
当期変動額								
剰余金の配当								△4,782
親会社株主に帰属する当期純利益								10,378
非支配株主との取引に係る親会社の持分変動								△27
連結子会社の増加等に伴う利益剰余金の増加								5,233
自己株式の取得								△9,576
自己株式の処分								0
株主資本以外の項目の当期変動額（純額）	1,612	0	−	895	8,352	10,861	7,746	18,607
当期変動額合計	1,612	0	−	895	8,352	10,861	7,746	19,833
当期末残高	26,780	0	99	987	△1,204	26,663	39,643	382,217

当連結会計年度（自　2022年1月1日　至　2022年12月31日）

（単位：百万円）

	株主資本				
	資本金	資本剰余金	利益剰余金	自己株式	株主資本合計
当期首残高	11,014	9,633	310,080	△14,817	315,910
会計方針の変更による累積的影響額			36		36
会計方針の変更を反映した当期首残高	11,014	9,633	310,117	△14,817	315,947
当期変動額					
剰余金の配当			△4,682		△4,682
親会社株主に帰属する当期純利益			12,368		12,368
持分法適用関連会社の子会社の増加による増加高			13		13
子会社株式の追加取得		△1			△1
自己株式の取得				△7,073	△7,073
株主資本以外の項目の当期変動額（純額）					
当期変動額合計	－	△1	7,699	△7,073	624
当期末残高	11,014	9,632	317,816	△21,891	316,572

	その他の包括利益累計額						非支配株主持分	純資産合計
	その他有価証券評価差額金	繰延ヘッジ損益	土地再評価差額金	為替換算調整勘定	退職給付に係る調整累計額	その他の包括利益累計額合計		
当期首残高	26,780	0	99	987	△1,204	26,663	39,643	382,217
会計方針の変更による累積的影響額								36
会計方針の変更を反映した当期首残高	26,780	0	99	987	△1,204	26,663	39,643	382,253
当期変動額								
剰余金の配当								△4,682
親会社株主に帰属する当期純利益								12,368
持分法適用関連会社の子会社の増加による増加高								13
子会社株式の追加取得								△1
自己株式の取得								△7,073
株主資本以外の項目の当期変動額（純額）	1,058	△14	－	4,647	14,811	20,503	4,515	25,018
当期変動額合計	1,058	△14	－	4,647	14,811	20,503	4,515	25,643
当期末残高	27,838	△14	99	5,635	13,607	47,166	44,158	407,897

④ 連結キャッシュ・フロー計算書

（単位：百万円）

	前連結会計年度 （自 2021年1月1日 至 2021年12月31日）	当連結会計年度 （自 2022年1月1日 至 2022年12月31日）
営業活動によるキャッシュ・フロー		
税金等調整前当期純利益	19,955	23,218
減価償却費	38,997	39,436
減損損失	1,827	1,449
災害損失	179	235
臨時休業等関連損失	94	6
のれん償却額	1,619	1,641
貸倒引当金の増減額（△は減少）	△144	△335
賞与引当金の増減額（△は減少）	56	144
退職給付に係る負債の増減額（△は減少）	1,300	145
役員退職慰労引当金の増減額（△は減少）	139	510
受取利息及び受取配当金	△1,442	△1,505
持分法適用会社からの配当金の受取額	170	134
支払利息	787	752
為替差損益（△は益）	△546	△879
補助金収入	－	△168
助成金収入	△2,329	△591
持分法による投資損益（△は益）	△510	△585
固定資産除売却損益（△は益）	1,275	1,508
投資有価証券売却損益（△は益）	－	△15
投資有価証券評価損益（△は益）	37	305
関係会社株式評価損	145	
売上債権の増減額（△は増加）	△1,159	△7,204
棚卸資産の増減額（△は増加）	△759	△3,255
仕入債務の増減額（△は減少）	△238	5,467
未払消費税等の増減額（△は減少）	1,648	498
その他	2,070	△1,234
小計	63,175	59,679
利息及び配当金の受取額	1,442	1,506
利息の支払額	△774	△765
法人税等の支払額	△8,779	△8,286
助成金の受取額	2,177	744
その他	△171	△104
営業活動によるキャッシュ・フロー	57,071	52,773
投資活動によるキャッシュ・フロー		
定期預金の増減額（△は増加）	1,492	△862
有形固定資産の取得による支出	△36,599	△36,744
有形固定資産の売却による収入	134	124
無形固定資産の取得による支出	△2,100	△3,824
投資有価証券の取得による支出	△30	△33
投資有価証券の売却による収入	0	18
賃貸固定資産の取得による支出	△1	△38
連結の範囲の変更を伴う子会社株式の取得による収入	－	448
貸付けによる支出	△47	△29
貸付金の回収による収入	41	38
その他	△681	△1,083
投資活動によるキャッシュ・フロー	△37,790	△41,984

(point) **財務諸表**

　この項目では，連結ではなく単体の貸借対照表と，損益計算書の内訳を確認することができる。連結＝単体＋子会社なので，会社によっては単体の業績を調べて連結全体の業績予想のヒントにする場合があるが，あまりその必要性がある企業は多くない。

	前連結会計年度 （自 2021年1月1日 至 2021年12月31日）	当連結会計年度 （自 2022年1月1日 至 2022年12月31日）
財務活動によるキャッシュ・フロー		
短期借入金の増減額（△は減少）	2,155	△109
リース債務の返済による支出	△3,549	△2,543
長期借入れによる収入	29,714	5,107
長期借入金の返済による支出	△11,229	△16,759
社債の償還による支出	△90	－
自己株式の取得による支出	△9,576	△7,073
自己株式の売却による収入	0	－
配当金の支払額	△4,772	△4,670
非支配株主への配当金の支払額	△410	△646
連結の範囲の変更を伴わない子会社株式の取得 による支出	△170	－
財務活動によるキャッシュ・フロー	2,070	△26,695
現金及び現金同等物に係る換算差額	927	1,970
現金及び現金同等物の増減額（△は減少）	22,279	△13,936
現金及び現金同等物の期首残高	102,842	133,495
新規連結に伴う現金及び現金同等物の増加額	8,373	－
現金及び現金同等物の期末残高	※1 133,495	※1 119,559

【注記事項】

（連結財務諸表作成のための基本となる重要な事項）

1 連結の範囲に関する事項 ·······························

（1） 連結子会社 35社 ···············

　連結子会社名は，「第1 企業の概況」の「4 関係会社の状況」に記載しているので省略しております。日本食材（株）は持分法適用関連会社でしたが，（株）不二家が株式を追加取得し連結子会社としたため連結の範囲に含めております。

（2） 主要な非連結子会社の名称等 ·······················

　「第1 企業の概況」の「3 事業の内容」の事業の系統図に記載しております。

（非連結子会社について連結の範囲から除いた理由）

　非連結子会社の規模は，資産基準，売上高基準，利益基準及び利益剰余金基準の割合がいずれも小規模であり，全体として連結財務諸表に重要な影響を与えていないため除外しております。

2 持分法の適用に関する事項 ・・

(1) 持分法を適用した関連会社の数　　2社 ・・・・・・・・・・・・・・・・・・・・・・・・・・・・

　　主要な会社の名称　　　日糧製パン（株）

　　　　　　　　　　　　　　Ｂ－Ｒサーティワンアイスクリーム（株）

　　日本食材（株）は，（株）不二家が株式を追加取得し連結子会社に区分を変更し
たため，持分法適用関連会社から除外しております。

　　日糧製パン（株）の決算日は3月31日であります。

　　連結財務諸表の作成にあたっては，2022年9月30日現在の四半期財務諸表
を使用しております。

(2) 持分法を適用しない関連会社 ・・・・・・・・・・・・・・・・・・・・・・・・・・・・・・・・・・・・・・・

　　主要な会社の名称　　　（株）札幌パリ

　　非連結子会社（16社）及び関連会社（1社）は，それぞれ当期純損益及び利益
剰余金に及ぼす影響が軽微であり，かつ全体としても重要性がないため，持分法
の適用範囲から除外しております。

3 連結子会社の事業年度に関する事項 ・・・・・・・・・・・・・・・・・・・・・・・・・・・・・・・・・・

　　連結子会社のうち，ヴィ・ド・フランス・ヤマザキ,Inc.，ベイクワイズブラン
ズ,Inc.，トムキャットベーカリー,Inc.の決算日は9月30日であります。連結財
務諸表の作成にあたっては，同決算日現在の財務諸表を使用しており，連結決算
日までの期間に発生した重要な取引については連結上必要な調整を行っておりま
す。

　　他の連結子会社は当社と同じ決算日であります。

4 会計方針に関する事項 ・・

(1) 資産の評価基準及び評価方法 ・・・・・・・・・・・・・・・・・・・・・・・・・・・・・・・・・・・・・・・

① 有価証券

　その他有価証券

　　市場価格のない株式等以外のもの…時価法（評価差額は全部純資産直入法に
　　　　　　　　　　　　　　　　　　　　より処理し，売却原価は移動平均法によ

り算定)

　　市場価格のない株式等…移動平均法に基づく原価法

② **たな卸資産**

　　製品，仕掛品……主として売価還元法に基づく原価法（貸借対照表価額につい
　　　　　　　　　ては，収益性の低下による簿価切下げの方法）

　　原材料，商品……主として先入先出法に基づく原価法（貸借対照表価額につい
　　　　　　　　　ては，収益性の低下による簿価切下げの方法）

　　貯蔵品……………主として最終仕入原価法に基づく原価法（貸借対照表価額に
　　　　　　　　　ついては，収益性の低下による簿価切下げの方法）

③ **デリバティブ………時価法**

(2)　減価償却資産の減価償却の方法 ………………………………………………

　　有形固定資産（リース資産除く）

　　　主として定率法

　　　ただし，コンビニエンスストア事業で使用する有形固定資産及び1998年4
　　月1日以降に取得した建物（建物附属設備を除く）並びに2016年4月1日以
　　降に取得した建物附属設備及び構築物は定額法

　　　連結子会社のうち，一部の在外連結子会社は，定額法を採用しております。

　　　なお，主な耐用年数は以下のとおりであります。

　　　　建物　　　　3年～50年

　　　　機械装置　主として10年

　　無形固定資産（リース資産除く）

　　　　　…定額法を採用しております。

　　　　　　ただし，ソフトウエア（自社利用分）については，社内における
　　　　　利用可能期間（5年）に基づく定額法によっております。

　　リース資産…所有権移転外ファイナンス・リース取引に係るリース資産の減価
　　　　　　　償却の方法については，リース期間を耐用年数とし，残存価額を
　　　　　　　零とする定額法。なお，リース取引開始日が2008年12月31日
　　　　　　　以前の所有権移転外ファイナンス・リース取引については，通常

の賃貸借取引に係る方法に準じた会計処理を引き続き適用しております。

（3） 引当金の計上基準 ･･

① 貸倒引当金

債権の貸倒損失に備えるため，一般債権については貸倒実績率により，貸倒懸念債権等特定の債権については個別に回収可能性を検討し，回収不能見込額を計上しております。

② 賞与引当金

従業員の賞与の支払いに備えるため，支給見込額を計上しております。

③ 販売促進引当金

得意先に対する販売促進活動に係る費用の支出に備えるため，当連結会計年度の売上対応分を計上しております。

④ 店舗閉鎖損失引当金

翌連結会計年度の店舗閉鎖に伴って発生すると見込まれる損失額を計上しております。

⑤ 役員退職慰労引当金

役員等の退職慰労金の支出に備えるため，役員退職慰労金規則（内規）に基づく当連結会計年度末要支給額を計上しております。

⑥ 債務保証損失引当金

子会社への債務保証に係る損失に備えるため，被保証者の財政状態等を勘案し，損失負担見込額を計上しております。

（4） 収益及び費用の計上基準 ･･

当社及び連結子会社は，食品事業及び流通事業を主な事業としています。

食品事業においては，顧客との販売契約に基づいて製品又は商品を引渡す履行義務を負っております。当該履行義務は，製品又は商品を引渡す一時点において顧客が当該製品又は商品に対する支配を獲得して充足されますが，製品又は商品の出荷時から引渡時までの期間が通常の期間であることから，当該製品又は商品

の出荷時点で収益を認識しております。

　流通事業においては，食品スーパー及びコンビニエンスストアを運営しております。商品販売については，商品を顧客へ引渡した時点で収益を認識しております。また，コンビニエンスストアのフランチャイズ加盟店からのロイヤリティ収入については，契約期間にわたり，当該加盟店の売上総利益が発生するにつれて収益を認識しております。

(5)　退職給付に係る会計処理の方法 ．．．
①　退職給付見込額の期間帰属方法
　退職給付債務の算定にあたり，退職給付見込額を当連結会計年度末までの期間に帰属させる方法については，給付算定式基準によっております。
②　数理計算上の差異，過去勤務費用の費用処理方法 ．．．．．．．．．．．．．．．．．．．．．．．．．．
　過去勤務費用は，その発生時の従業員の平均残存勤務期間内の一定の年数（主として16年）による定額法により，費用処理することとしております。

　数理計算上の差異は，その発生時の従業員の平均残存勤務期間内の一定の年数（主として14年）による定額法により，翌連結会計年度から費用処理することとしております。
③　小規模企業等における簡便法の採用
　一部の連結子会社は，退職給付に係る負債及び退職給付費用の計算に，退職給付に係る期末自己都合要支給額を退職給付債務とする方法を用いた簡便法を適用しております。

(6)　重要なヘッジ会計の方法 ．．
①　ヘッジ会計の方法
　繰延ヘッジ処理によっております。
②　ヘッジ手段とヘッジ対象
　ヘッジ手段…為替予約取引等
　ヘッジ対象…原材料等の輸入予定取引

③ ヘッジ方針

原材料等輸入に係る為替変動リスクについてヘッジしております。

④ ヘッジ有効性評価の方法

ヘッジ対象及びヘッジ手段の相場変動又はキャッシュ・フロー変動の累計を比較し，その変動額の比率によって有効性を評価しております。

(7) のれんの償却方法及び償却期間

のれんは原則として発生日以後20年以内で均等償却することとしておりますが，金額が僅少なのれんについては，発生した連結会計年度の損益として処理しております。

(8) 連結キャッシュ・フロー計算書における資金の範囲

連結キャッシュ・フロー計算書における資金（現金及び現金同等物）は，手許現金，随時引き出し可能な預金及び容易に換金可能であり，かつ，価値の変動について僅少なリスクしか負わない取得日から3ヶ月以内に償還期限の到来する短期投資であります。

（重要な会計上の見積り）

1．固定資産の減損

(1) 当連結会計年度の連結財務諸表に計上した金額

（単位：百万円）

	前連結会計年度	当連結会計年度
有形固定資産	328,527	332,385
無形固定資産	22,258	23,365
減損損失	1,827	1,449

(2) 識別した項目に係る重要な会計上の見積りの内容に関する情報

当社グループは，キャッシュ・フローを生み出す最小単位として，事業所，店舗を基本単位として資産のグルーピングを行っております。営業活動から生じる損益が継続してマイナスである等，減損の兆候があると判断した資産グループについては，減損損失の認識の判定を行い，回収可能価額が帳簿価額を下回る場合には，帳簿価額を回収可能価額まで減額し，当該減少額を減損損失として特別損

失に計上しております。

　なお，当資産グループの回収可能価額は正味売却価額と使用価値のうち，いずれか高い方の金額で測定しており，正味売却価額については処分見込価額により評価し，使用価値については将来キャッシュ・フローを，加重平均資本コストを基礎とした割引率で割引いて算出しております。

　また，新型コロナウイルス感染症に伴う影響については，コンビニエンスストアやフレッシュベーカリー等小売事業への影響は，2023年度末まで継続するものと仮定しております。なお，新型コロナウイルス感染症による経済活動への影響は不確実性があり，将来における財政状態，経営成績に影響を及ぼす可能性があります。

（会計方針の変更）
　（収益認識に関する会計基準等の適用）
　「収益認識に関する会計基準」（企業会計基準第29号2020年3月31日。以下「収益認識会計基準」という。）等を当連結会計年度の期首から適用し，約束した財又はサービスの支配が顧客に移転した時点で，当該財又はサービスと交換に受け取ると見込まれる金額で収益を認識することとしております。

　これにより，従来，販売費及び一般管理費に計上しておりました売上リベート等の変動対価及びセンターフィー等の顧客に支払われる対価について，売上高から控除して表示する方法に変更しております。

　収益認識会計基準等の適用については，収益認識会計基準第84項ただし書きに定める経過的な取扱いに従っており，当連結会計年度の期首より前に新たな会計方針を遡及適用した場合の累積的影響額を，当連結会計年度の期首の利益剰余金に加減し，当該期首残高から新たな会計方針を適用しております。ただし，収益認識会計基準第86項に定める方法を適用し，当連結会計年度の期首より前までに従前の取扱いに従ってほとんどすべての収益の額を認識した契約に，新たな会計方針を遡及適用しておりません。

　また，前連結会計年度の貸借対照表において，「流動資産」に表示していた「受取手形及び売掛金」は，当連結会計年度より，「受取手形」，「売掛金」に含めて

表示し，主に「流動負債」の「未払費用」に表示していた売上リベート等の一部につきましては，当連結会計年度より「流動負債」の「その他」に含めて表示しております。ただし，収益認識会計基準第89-2項に定める経過的な取扱いに従って，前連結会計年度について新たな表示方法により組替えを行っておりません。

　この結果，収益認識会計基準等の適用を行う前と比べて，当連結会計年度の売上高は41,367百万円，売上原価は3,338百万円，販売費及び一般管理費が38,029百万円それぞれ減少しており，営業利益に与える影響はありません。また，経常利益，税金等調整前当期純利益及び利益剰余金期首残高に与える影響は軽微であります。

　なお，収益認識会計基準第89-3項に定める経過的な取扱いに従って，前連結会計年度に係る「収益認識関係」注記については記載しておりません。

（時価の算定に関する会計基準等の適用）
　「時価の算定に関する会計基準」（企業会計基準第30号2019年7月4日。以下「時価算定会計基準」という。）等を当連結会計年度の期首から適用し，時価算定会計基準第19項及び「金融商品に関する会計基準」（企業会計基準第10号2019年7月4日）第44－2項に定める経過的な取扱いに従って，時価算定会計基準等が定める新たな会計方針を，将来にわたって適用することとしております。なお，連結財務諸表に与える影響はありません。

　また，「金融商品関係」注記において，金融商品の時価のレベルごとの内訳等に関する事項等の注記を行うこととしました。ただし，「金融商品の時価等の開示に関する適用指針」（企業会計基準適用指針第19号2019年7月4日）第7－4項に定める経過的な取扱いに従って，当該注記のうち前連結会計年度に係るものについては記載しておりません。

2 財務諸表等

(1) 財務諸表 ···

① 貸借対照表

(単位：百万円)

	前事業年度 (2021年12月31日)	当事業年度 (2022年12月31日)
資産の部		
流動資産		
現金及び預金	68,146	54,571
受取手形	13	12
売掛金	※2 77,341	※2 82,095
商品及び製品	5,521	5,681
仕掛品	108	132
原材料及び貯蔵品	5,050	5,950
前払費用	1,581	1,595
短期貸付金	※2 452	※2 775
未収入金	※2 5,972	※2 7,248
その他	※2 1,740	※2 2,108
貸倒引当金	△83	△125
流動資産合計	165,847	160,045
固定資産		
有形固定資産		
建物	64,925	63,597
構築物	4,550	4,442
機械及び装置	48,327	46,380
車両運搬具	3,676	3,642
工具、器具及び備品	5,902	5,816
土地	78,969	78,901
リース資産	2,242	1,738
建設仮勘定	473	653
有形固定資産合計	209,067	205,172
無形固定資産		
借地権	523	518
ソフトウエア	5,090	6,734
リース資産	268	200
その他	326	135
無形固定資産合計	6,209	7,589

		前事業年度 (2021年12月31日)	当事業年度 (2022年12月31日)
投資その他の資産			
投資有価証券		52,886	54,104
関係会社株式		82,603	82,603
関係会社長期貸付金		6,062	7,056
長期前払費用		1,281	1,205
繰延税金資産		14,969	14,814
賃貸固定資産		8,014	7,872
敷金	※2 8,181		※2 7,968
差入保証金	※2 2,178		※2 1,868
その他		3,244	2,936
貸倒引当金		△4,073	△3,653
投資その他の資産合計		175,349	176,775
固定資産合計		390,626	389,538
資産合計		556,474	549,583
負債の部			
流動負債			
支払手形		3	—
電子記録債務		2,548	1,800
買掛金	※2 52,562		※2 55,680
短期借入金		17,350	17,350
1年内返済予定の長期借入金		12,322	5,752
リース債務		606	571
未払金	※2 3,747		※2 5,159
未払法人税等		3,623	4,074
未払消費税等		2,991	3,968
未払費用	※2 30,745		※2 28,389
預り金		8,047	7,063
賞与引当金		3,379	3,332
資産除去債務		16	29
従業員預り金		6,214	6,066
設備関係支払手形		6	43
設備関係電子記録債務		5,117	2,787
その他	※2 1,317		※2 5,052
流動負債合計		150,600	147,120
固定負債			
長期借入金		18,694	12,942
リース債務		1,894	1,362
退職給付引当金		71,869	72,222
役員退職慰労引当金		3,089	3,588
債務保証損失引当金		1,785	3,355
資産除去債務		3,274	3,240
その他	※2 4,455		※2 4,512
固定負債合計		105,062	101,223
負債合計		255,663	248,344

(単位：百万円)

	前事業年度 （2021年12月31日）	当事業年度 （2022年12月31日）
純資産の部		
株主資本		
資本金	11,014	11,014
資本剰余金		
資本準備金	9,664	9,664
その他資本剰余金	12	12
資本剰余金合計	9,676	9,676
利益剰余金		
利益準備金	2,753	2,753
その他利益剰余金		
配当準備積立金	6	6
退職給与積立金	500	500
圧縮記帳積立金	612	609
別途積立金	254,080	259,180
繰越利益剰余金	10,666	12,021
利益剰余金合計	268,618	275,070
自己株式	△14,817	△21,891
株主資本合計	274,491	273,870
評価・換算差額等		
その他有価証券評価差額金	26,320	27,369
評価・換算差額等合計	26,320	27,369
純資産合計	300,811	301,239
負債純資産合計	556,474	549,583

② 損益計算書

(単位：百万円)

	前事業年度 （自 2021年1月1日 至 2021年12月31日）	当事業年度 （自 2022年1月1日 至 2022年12月31日）
売上高	※2 741,371	※2 768,695
売上原価	※2 502,309	※2 526,013
売上総利益	239,062	242,681
販売費及び一般管理費	※1 224,311	※1 227,512
営業利益	14,750	15,169
営業外収益		
受取利息	※2 107	※2 131
受取配当金	※2 1,645	※2 2,191
固定資産賃貸収入	※2 1,547	※2 1,539
為替差益	547	865
雑収入	1,215	1,425
営業外収益合計	5,062	6,154
営業外費用		
支払利息	379	332
固定資産賃貸費用	464	444
雑損失	346	313
営業外費用合計	1,190	1,090
経常利益	18,622	20,233
特別利益		
固定資産売却益	76	82
貸倒引当金戻入額	—	181
助成金収入	73	—
補助金収入	—	168
その他	1	16
特別利益合計	150	448
特別損失		
固定資産除売却損	888	997
減損損失	638	647
債務保証損失引当金繰入額	1,319	1,595
関係会社貸倒引当金繰入額	662	—
関係会社株式評価損	145	—
その他	140	401
特別損失合計	3,794	3,642
税引前当期純利益	14,979	17,039
法人税、住民税及び事業税	5,848	6,210
法人税等調整額	△690	△305
法人税等合計	5,157	5,904
当期純利益	9,821	11,134

③　株主資本等変動計算書

前事業年度（自　2021年1月1日　至　2021年12月31日）

（単位：百万円）

	株主資本							
		資本剰余金			利益剰余金			
						その他利益剰余金		
	資本金	資本準備金	その他資本剰余金	資本剰余金合計	利益準備金	配当準備積立金	退職給与積立金	圧縮記帳積立金
当期首残高	11,014	9,664	12	9,676	2,753	6	500	615
当期変動額								
剰余金の配当								
圧縮記帳積立金の取崩								△3
別途積立金の積立								
当期純利益								
自己株式の取得								
自己株式の処分			0	0				
株主資本以外の項目の当期変動額（純額）								
当期変動額合計	−	−	0	0	−	−	−	△3
当期末残高	11,014	9,664	12	9,676	2,753	6	500	612

	株主資本					評価・換算差額等		純資産合計
	利益剰余金							
	その他利益剰余金		利益剰余金合計	自己株式	株主資本合計	その他有価証券評価差額金	評価・換算差額等合計	
	別途積立金	繰越利益剰余金						
当期首残高	251,380	8,323	263,578	△5,241	279,027	24,761	24,761	303,789
当期変動額								
剰余金の配当		△4,782	△4,782		△4,782			△4,782
圧縮記帳積立金の取崩		3	−		−			−
別途積立金の積立	2,700	△2,700	−		−			−
当期純利益		9,821	9,821		9,821			9,821
自己株式の取得				△9,576	△9,576			△9,576
自己株式の処分			0		0			0
株主資本以外の項目の当期変動額（純額）						1,558	1,558	1,558
当期変動額合計	2,700	2,342	5,039	△9,576	△4,536	1,558	1,558	△2,978
当期末残高	254,080	10,666	268,618	△14,817	274,491	26,320	26,320	300,811

当事業年度（自　2022年1月1日　至　2022年12月31日）

（単位：百万円）

	株主資本							
	資本金	資本剰余金			利益剰余金			
		資本準備金	その他資本剰余金	資本剰余金合計	利益準備金	その他利益剰余金		
						配当準備積立金	退職給与積立金	圧縮記帳積立金
当期首残高	11,014	9,664	12	9,676	2,753	6	500	612
当期変動額								
剰余金の配当								
圧縮記帳積立金の取崩								△3
別途積立金の積立								
当期純利益								
自己株式の取得								
自己株式の処分								
株主資本以外の項目の当期変動額（純額）								
当期変動額合計	－	－	－	－	－	－	－	△3
当期末残高	11,014	9,664	12	9,676	2,753	6	500	609

	株主資本					評価・換算差額等		純資産合計
	利益剰余金			自己株式	株主資本合計	その他有価証券評価差額金	評価・換算差額等合計	
	その他利益剰余金		利益剰余金合計					
	別途積立金	繰越利益剰余金						
当期首残高	254,080	10,666	268,618	△14,817	274,491	26,320	26,320	300,811
当期変動額								
剰余金の配当		△4,682	△4,682		△4,682			△4,682
圧縮記帳積立金の取崩		3	－		－			－
別途積立金の積立	5,100	△5,100	－		－			－
当期純利益		11,134	11,134		11,134			11,134
自己株式の取得				△7,073	△7,073			△7,073
自己株式の処分					－			
株主資本以外の項目の当期変動額（純額）						1,049	1,049	1,049
当期変動額合計	5,100	1,355	6,452	△7,073	△620	1,049	1,049	428
当期末残高	259,180	12,021	275,070	△21,891	273,870	27,369	27,369	301,239

【注記事項】

（重要な会計方針）

1　資産の評価基準及び評価方法 ・・・

（1）　有価証券の評価基準及び評価方法 ・・

　　子会社株式及び関連会社株式…移動平均法に基づく原価法

　　その他有価証券

　　　市場価格のない株式等以外のもの…時価法（評価差額は全部純資産直入法に
　　　　　　　　　　　　　　　　　　　　より処理し，売却原価は移動平均　法
　　　　　　　　　　　　　　　　　　　　により算定）

　　　市場価格のない株式等・・・・・・・・・・・・・・・移動平均法に基づく原価法

（2）　たな卸資産の評価基準及び評価方法 ・・・・・・・・・・・・・・・・・・・・・・・・・・・・・・・・・・・・

　　製品，仕掛品…売価還元法に基づく原価法（貸借対照表価額については，収益
　　　　　　　　　性の低下による簿価切下げの方法）

　　原材料，商品…主として先入先出法に基づく原価法（貸借対照表価額について
　　　　　　　　　は，収益性の低下による簿価切下げの方法）

　　貯蔵品・・・・・・・・・・最終仕入原価法に基づく原価法（貸借対照表価額については，
　　　　　　　　　収益性の低下による簿価切下げの方法）

2　固定資産の減価償却の方法 ・・

（1）　有形固定資産（リース資産を除く） ・・・・・・・・・・・・・・・・・・・・・・・・・・・・・・・・・・・・・・

　　主として定率法

　　　ただし，コンビニエンスストア事業で使用する有形固定資産及び1998年4
　　　月1日以降に取得した建物（建物附属設備を除く）並びに2016年4月1日以
　　　降に取得した建物附属設備及び構築物は定額法

（2）　無形固定資産（リース資産を除く） ・・・・・・・・・・・・・・・・・・・・・・・・・・・・・・・・・・・・・・

　　定額法

　　　ただし，ソフトウエアについては，社内における利用可能期間（5年）に基づ
　　　く定額法

（3） リース資産 ···

　所有権移転外ファイナンス・リース取引に係るリース資産の減価償却の方法については，リース期間を耐用年数とし，残存価額を零とする定額法。なお，リース取引開始日が会計基準適用初年度前の所有権移転外ファイナンス・リース取引については，通常の賃貸借取引に係る方法に準じた会計処理を引き続き適用しております。

3　引当金の計上基準 ··
（1）　貸倒引当金 ··

　債権の貸倒損失に備えるため，一般債権については貸倒実績率により，貸倒懸念債権等特定の債権については個別に回収可能性を検討し，回収不能見込額を計上しております。

（2）　賞与引当金 ··

　従業員の賞与の支払いに備えるため，支給見込額を計上しております。

（3）　退職給付引当金 ···

　従業員の退職給付に備えるため，当事業年度末における退職給付債務及び年金資産の見込額に基づき，当事業年度末において発生していると認められる額を計上しております。

① 　退職給付見込額の期間帰属方法

　退職給付債務の算定にあたり，退職給付見込額を当事業年度末までの期間に帰属させる方法については，給付算定式基準によっております。

② 　数理計算上の差異及び過去勤務費用の費用処理方法

　数理計算上の差異は，その発生時の従業員の平均残存勤務期間内の一定の年数による定額法により，翌事業年度から費用処理することとしております。

　過去勤務費用は，その発生時の従業員の平均残存勤務期間内の一定の年数による定額法により，費用処理することとしております。

（4）　役員退職慰労引当金 ···

　役員等の退職慰労金の支出に備えるため，役員退職慰労金規則（内規）に基づく当事業年度末要支給額を計上しております。

(5) 債務保証損失引当金 ··

　子会社への債務保証に係る損失に備えるため，被保証者の財政状態等を勘案し，損失負担見込額を計上しております。

4　収益及び費用の計上基準 ··

　当社は，食品事業及び流通事業を主な事業としています。

　食品事業においては，顧客との販売契約に基づいて製品又は商品を引渡す履行義務を負っております。当該履行義務は，製品又は商品を引渡す一時点において顧客が当該製品又は商品に対する支配を獲得して充足されますが，製品又は商品の出荷時から引渡時までの期間が通常の期間であることから，当該製品又は商品の出荷時点で収益を認識しております。

　流通事業においては，コンビニエンスストアを運営しております。商品販売については，商品を顧客へ引渡した時点で収益を認識しております。また，コンビニエンスストアのフランチャイズ加盟店からのロイヤリティ収入については，契約期間にわたり，当該加盟店の売上総利益が発生するにつれて収益を認識しております。

5　退職給付に係る会計処理 ··

　退職給付に係る未認識数理計算上の差異，未認識過去勤務費用の会計処理の方法は，連結財務諸表におけるこれらの会計処理の方法と異なっております。

（重要な会計上の見積り）

　会計上の見積りにより，翌事業年度に係る財務諸表に重要な影響を及ぼす可能性があるものは次のとおりであります。

　なお，新型コロナウイルス感染症に伴う影響については，2023年度末まで継続するものと仮定しておりますが，経済活動への影響は不確実性があり，将来における財政状態，経営成績に影響を及ぼす可能性があります。

（関係会社への投融資の評価）

1．関係会社株式の評価 ･･･

（1） 当事業年度の財務諸表に計上した金額 ･･････････････････････････

（単位:百万円）

	前事業年度	当事業年度
関係会社株式	82,603	82,603
関係会社株式評価損	145	―

（2） 識別した項目に係る重要な会計上の見積りの内容に関する情報 ･････････

　当社は，関係会社に対する投資について，当該関係会社の財政状態の悪化等により実質価額が著しく低下した場合には，回復可能性が十分な証拠によって裏付けられる場合を除いて，相当の減額をした上で評価差額を「関係会社株式評価損」として計上しております。

2．関係会社貸付金の評価 ･･･

（1） 当事業年度の財務諸表に計上した金額 ･･････････････････････････

（単位:百万円）

	前事業年度	当事業年度
関係会社長期貸付金	6,062	7,056
貸倒引当金	1,787	1,619
関係会社貸倒引当金繰入額	662	―

（2） 識別した項目に係る重要な会計上の見積りの内容に関する情報 ･････････

　当社は，関係会社への長期貸付金に対して，当該関係会社の財政状態の悪化等により回収可能性に疑義が生じた場合には債権の区分に基づき貸倒引当金を計上しております。

3．関係会社に対する債務保証の評価 ･･････････････････････････････････

（1） 当事業年度の財務諸表に計上した金額 ･･････････････････････････

（単位:百万円）

	前事業年度	当事業年度
債務保証損失引当金	1,785	3,355
債務保証損失引当金繰入額	1,319	1,595

（2） 識別した項目に係る重要な会計上の見積りの内容に関する情報 ･････････

　当社は，関係会社の借入金に対して債務保証を行っております。当該債務保証に関して，当該関係会社の財政状態及び将来の回復見込み等を個別に勘案して，

損失負担見込額を債務保証損失引当金として計上しております。

（会計方針の変更）

　（収益認識に関する会計基準等の適用）

　「収益認識に関する会計基準」（企業会計基準第29号2020年3月31日。以下「収益認識会計基準」という。）等を当事業年度の期首から適用し，約束した財又はサービスの支配が顧客に移転した時点で当該財又はサービスと交換に受け取ると見込まれる金額で収益を認識することとしております。

　これにより，従来，販売費及び一般管理費に計上しておりました売上リベート等の変動対価及びセンターフィー等の顧客に支払われる対価について，売上高から控除して表示する方法に変更しております。

　収益認識会計基準等の適用については，収益認識会計基準第84項ただし書きに定める経過的な取扱いに従っており，当事業年度の期首より前に新たな会計方針を遡及適用した場合の累積的影響額を，当事業年度の期首の繰越利益剰余金に加減し，当該期首残高から新たな会計方針を適用しております。ただし，収益認識会計基準第86項に定める方法を適用し，当事業年度の期首より前までに従前の取扱いに従ってほとんどすべての収益の額を認識した契約に，新たな会計方針を遡及適用しておりません。

　また，前事業年度の貸借対照表において，主に「流動負債」の「未払費用」に表示していた売上リベート等の一部につきましては，当事業年度より「流動負債」の「その他」に含めて表示しております。ただし，収益認識会計基準第89-2項に定める経過的な取扱いに従って，前事業年度について新たな表示方法により組替えを行っておりません。

　この結果，収益認識会計基準等の適用を行う前と比べて，当事業年度の売上高は3,698百万円，売上原価は3,338百万円，販売費及び一般管理費が360百万円それぞれ減少しており，営業利益に与える影響はありません。また，繰越利益剰余金期首残高に与える影響はありません。

　なお，収益認識会計基準第89-3項に定める経過的な取扱いに従って，前事業年度に係る「収益認識関係」注記については記載しておりません。

（時価の算定に関する会計基準等の適用）

　「時価の算定に関する会計基準」（企業会計基準第30号2019年7月4日。以下「時価算定会計基準」という。）等を当事業年度の期首から適用し，時価算定会計基準第19項及び「金融商品に関する会計基準」（企業会計基準第10号2019年7月4日）第44-2項に定める経過的な取扱いに従って，時価算定会計基準等が定める新たな会計方針を，将来にわたって適用することとしております。なお，財務諸表に与える影響はありません。

第2章

食品・飲料業界の"今"を知ろう

企業の募集情報は手に入れた。しかし，それだけでは
まだ不十分。企業単位ではなく，業界全体を俯瞰する
視点は，面接などでもよく問われる重要ポイントだ。
この章では直近1年間の運輸業界を象徴する重大
ニュースをまとめるとともに，今後の展望について言
及している。また，章末には運輸業界における有名企
業（一部抜粋）のリストも記載してあるので，今後の就
職活動の参考にしてほしい。

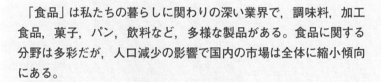

▶▶「おいしい」を，お届け。
食品・飲料 業界の動向

「食品」は私たちの暮らしに関わりの深い業界で，調味料，加工食品，菓子，パン，飲料など，多様な製品がある。食品に関する分野は多彩だが，人口減少の影響で国内の市場は全体に縮小傾向にある。

❖ 加工食品の動向

　2022年の国内の加工食品市場規模は，30兆2422億円となった（矢野経済研究所調べ）。また，同社の2026年の予測は31兆984億円となっている。外食産業向けが回復傾向にあることに加え、食品の価格が値上がりしていることで市場規模は拡大する見込みである。

　食べ物は人間の生活に欠かせない必需品のため，食品業界は景気変動の影響を受けにくいといわれる。しかし，日本は加工食品の原料の大部分を輸入に頼っており，為替や相場の影響を受けやすい。一例を挙げると，小麦は9割が輸入によるもので，政府が一括して購入し，各社に売り渡される。大豆の自給率も7％で9割以上を輸入で賄っており，砂糖の原料もまた6割強を輸入に頼っている。そのため，2022年は未曾有の値上げラッシュとなった。2023年度も原料高に加えて人件費の上昇も加算。帝国データバンクによると主要195社の食品値上げは2万5768品目だったことに対し，2023年は年間3万品目を超える見通しとなっている。近年の物流費や人件費の高騰もあり，食品メーカーは，AI・IoT技術を活用した生産体制の合理化によるコストの低減や，値上げによる買い控えに対抗するため「利便性」や「健康志向」など付加価値のある商品の開発を進めている。また，グローバル市場の取り込みも急務で，各国市場の特性を踏まえながら，スピード感を持って海外展開を進めていくことが求められる。

●「利便性」や「健康志向」などをアピールする高付加価値商品

　利便性については，単身世帯の増加や女性の就業率上昇に伴い，簡単に調理が可能な食品の需要が増えている。そんな事情から，カットされた食材や調味料がセットになって宅配されるサービス「ミールキット」の人気が高まっている。2013年にサービスが始まったオイシックスの「Kit Oisix」は，2019年には累計出荷数は4000万食を超えてた。ヨシケイのカフェ風でおしゃれな「Lovyu（ラビュ）」の販売数は2016年5月の発売から1年間で700万食を突破した。また，日清フーズが手がける小麦粉「日清 クッキング フラワー」は，コンパクトなボトルタイプで少量使いのニーズに応え，累計販売数2600万個という異例のヒットとなった。

　健康については，医療費が増大している背景から，政府も「セルフメディケーション」を推進している。2015年4月には消費者庁によって，特定保健用食品（トクホ）・栄養機能食品に続く「機能性表示食品」制度がスタートした。トクホが消費者庁による審査で許可を与えられる食品であるのに対して，機能性表示食品はメーカーが科学的根拠を確認し，消費者庁に届け出ることで，機能性が表示できるという違いがある。同制度施行後，機能性をうたった多くの商品が登場し，2020年6月時点での届出・受理件数は3018件となっている。日本初の機能性表示食品のカップ麺となったのは，2017年3月に発売されたエースコックの「かるしお」シリーズで，減塩率40％，高めの血圧に作用するGABAを配合している。機能性表示はないものの，糖質・脂質オフで爆発的ヒットとなったのは，日清食品の「カップヌードルナイス」で，2017年4月の発売からわずか40日で1000万個を突破し，日清史上最速記録となった。そのほか，「内臓脂肪を減らす」をアピールした雪印メグミルクの「恵megumiガセリ菌SP株ヨーグルト」や「情報の記憶をサポート」とパッケージに記載したマルハニチロの「DHA入りリサーラソーセージ」も，売上を大きく伸ばしている。

　人口減の影響で売上の大きな増加が難しい国内では，商品の価値を上げることで利益を出す方針が重要となる。多少価格が高くとも，特定の健康機能を訴求した商品などはまさにそれに当たる。時代のニーズに則った商品開発が継続して求められている。

●政府も後押しする，海外展開

　景気動向に左右されにくいといわれる食品業界だが，少子高齢化の影響で，国内市場の縮小は避けられない。しかし，世界の食品市場は拡大傾向

にある。新興国における人口増加や消費市場の広がりにより，2009年には340兆円だった市場規模が，2030年には1,360兆円に増加すると推察されていた（農林水産省調べ）。それに向けて政府は，世界の食品市場で日本の存在感を高めるための輸出戦略を策定した。これは，日本食材の活用推進（Made From Japan），食文化・食産業の海外展開（Made By Japan），農林水産物・食品の輸出（Made In Japan）の3つの活動を一体的に推進するもので，それぞれの頭文字をとって「FBI戦略」と名づけられた。この戦略のもと，2014年に6117億円であった日本の農林水産物・食品の輸出額を，2020年に1兆円に増やしていくことが目標となっていた。

　政府の施策を背景に，食品メーカーもまた，海外での事業拡大を進めている。キッコーマンはすでに営業利益の7割超を海外で稼ぎ出している。日清オイリオグループとカゴメも，海外比率が約20％である。カゴメは2016年，トマトの栽培技術や品種改良に関する研究開発拠点をポルトガルに設け，世界各地の天候や地質に合った量産技術を確立を目指している。1993年から中国に進出しているキユーピーも，2017年に上海近郊の新工場が稼働させた。日清製粉グループは，米国での小麦粉の生産能力を拡大するため，2019年にミネソタ州の工場を増設した。

　海外における国内メーカーの動きに追い風となっているのが，海外での健康志向の広がりである。これまでジャンクフード大国だった米国でも，ミレニアル世代と呼ばれる若年層を中心にオーガニック食品やNon-GMO（遺伝子組み換えを行っていない食品），低糖・低カロリー食品がブームになっている。2013年にユネスコの無形文化遺産に登録された和食には「健康食」のイメージがあり，健康志向食品においては強みとなる。味の素は，2017年，米国の医療食品会社キャンブルックを買収し，メディカルフード市場へ参入した。付加価値の高い加工食品，健康ケア食品，サプリメントなどを同社のプラットフォームに乗せて展開することを意図したものと思われる。

　2020年は新型コロナ禍により内食需要が高まり，家庭で簡単に調理できる乾麺や，時短・簡便食品，スナック類の売上が大きく伸びた。その一方でレストランなど業務用に商品を展開してきた企業にとっては需要の戻りがいまだ見込めていない。企業の強みによって明暗が分かれた形だが，今後健康志向などの新しいニーズに，いかに素早くこたえられるかがカギとなってくると思われる。

❖ パン・菓子の動向

　2022年のパンの生産量は，前年比微減の124万7620となっている。製パン各社も原材料高で主力製品を2年連続で値上げをしている。

　食生活の変化に伴って，パンの需要は年々拡大しており2011年にはパンの支出がコメを上回ったが，2018年は夏場の気温上昇で伸び悩んだ。製パン業界では，供給量を増やす企業が増えている。山崎製パンは約210億円を投じて，国内で28年ぶりに工場を新設し，2018年2月から操業を開始している。2016年には，ナビスコとのライセンス契約終了で1970年から続いた「リッツ」や「オレオ」の製造販売が終了したが，好調な製パン部門に注力して利益を確保している。

　菓子の分野では，原材料や素材にこだわり，プレミアム感を打ち出した高価格商品に人気が集まっている。明治が2016年9月にリニューアル発売した「明治 ザ・チョコレート」は，産地ごとのプレミアムなカカオ豆を使い，豆の生産から製造まで一貫した工程でつくられた板チョコだが，通常の2倍の価格ながら，約1年間で3000万枚というヒットにつながっている。湖池屋は，国産じゃがいもを100％使用した高級ポテトチップス「KOIKEYA PRIDE POTATO」を発売した。これは2017年2月の発売直後から大ヒットとなり，2カ月で売上が10億円を突破，半年で初年度目標の20億円を超えている。

●パンにも波及する安全性への取り組み

　2018年6月，米国食品医薬品局（FDA）が，トランス脂肪酸を多く含むマーガリン，ショートニングといった部分水素添加油脂（硬化油）について，食品への使用を原則禁止にする発表を行った。トランス脂肪酸規制の動きは世界的に急速に強まっており，日本では規制はされていないものの，自主的にトランス脂肪酸の低減化に乗り出す食品メーカー，含有量を表示するメーカーも出ている。製パン業界最大手の山崎製パンも全製品でトランス脂肪酸を低減したと自社ホームページで告知を行っている。

　トランス脂肪酸の低減にあたっては，別の健康リスクを高めないように安全性にも注意する必要がある。トランス脂肪酸が多く含まれる硬化油脂を，別の硬い性質を持つ油脂（たとえばパーム油など）に代替すれば，トランス脂肪酸は低減できるが，日本人が摂りすぎ傾向にある飽和脂肪酸の含有量

を大幅に増加させてしまう可能性もある。米国農務省（USDA）は，食品事業者にとってパーム油はトランス脂肪酸の健康的な代替油脂にはならないとする研究報告を公表している。

●8000億円に迫る乳酸菌市場

　加工食品と同様，菓子の分野でも，健康を意識した商品が増えている。とくに，明治の「R-1」をはじめとする機能性ヨーグルトは，各社が開発競争を激化させており，乳酸菌応用商品の市場規模は，2021年には7784億円となった（TPCマーケティングリサーチ調べ）。そういったなか，森永乳業が発見した独自素材「シールド乳酸菌」が注目を集めている。「シールド乳酸菌」は，免疫力を高めるヒト由来の乳酸菌で，森永乳業が保有する数千株の中から2007年に発見された。これを9年かけて商品化した森永製菓の「シールド乳酸菌タブレット」は「食べるマスク」というキャッチフレーズのインパクトもあり，2016年9月の発売から1カ月で半年分の売り上げ目標を達成した。森永乳業の登録商標であるが，他社からの引き合いも多く，永谷園のみそ汁や吉野家のとん汁など，シールド乳酸菌を導入した企業は100社を超える。その結果，森永乳業のBtoB事業の営業利益率は大きく向上した。

　キリンも2017年9月，独自開発した「プラズマ乳酸菌」を使った商品の展開を発表した。清涼飲料水やサプリメントのほか，他社との連携も始め，10年後に乳酸菌関連事業で230億円の売上高を目指す。

❖ 飲料の動向

　清涼飲料は，アルコール分が1％未満の飲料で，ミネラルウォーターや炭酸飲料，コーヒー，茶系飲料などが含まれる。全国清涼飲料工業会によれば，2022年の清涼飲料の生産量は2272万klと微増。新型コロナウイルスの影響による売上高が急減からの復調し，ネット通販も好調だ。感染リスクを懸念して重量のある飲料をまとめ買いする需要が拡大した。

　コロナ禍が追い風となったのは，乳酸菌飲料や無糖飲料といった，健康志向にマッチした商品だ。ヤクルトとポッカサッポロは2021年に植物性食品開発に向けた業務提携協議開始を発表した。また，キリンビバレッジは「iMUSE」などヘルスケア志向商品の強化を進めている。

●女性ニーズで注目のスープ系飲料

　飲料分野で注目を集めているのがスープ系飲料である。ワーキング・ウーマンをメインターゲットに，甘くなく，小腹を満たしたいニーズや，パンとあわせてランチにするニーズが増えており，自動販売機やコンビニエンスストアなどで，各社から新製品の発売が続いている。全国清涼飲料連合会の調べでは，2017年のドリンクスープの生産量は，2013年比43％増の3万2800klで4年連続で増加している。

　スープ飲料のトップシェアは，ポッカサッポロフード＆ビバレッジで，定番の「じっくりコトコト　とろ～りコーン」や「同オニオンコンソメ」に加え，2018年秋には「濃厚デミグラススープ」をラインナップに追加した。サントリー食品インターナショナルは，9月よりスープシリーズの「ビストロボス」の発売を全国の自動販売機で開始。キリンビバレッジも6月から「世界のkitchenから　とろけるカオスープ」を販売している。また，伊藤園は既存のみそ汁や野菜スープに追加して「とん汁」を発売，永谷園はJR東日本ウォータービジネスと共同開発したコラーゲン1000mg配合の「ふかひれスープ」をJR東日本の自動販売機で販売している。スムージーが好調なカゴメも販売地域は1都6県に限定しているが「野菜生活100　スムージー」シリーズとして10月より「とうもろこしのソイポタージュ」と「かぼちゃとにんじんのソイポタージュ」の販売を開始した。

❖ 酒類の動向

　国内大手4社によるビール類の2022年出荷量は，3億4000万ケース（1ケースは大瓶20本換算）で前年増。2023年10月の酒税改正で減税となるビールに追い風が吹いている。酒税法改正で，「アサヒスーパードライ」「キリン一番搾り」「サントリー生ビール」「サッポロ生ビール黒ラベル」などの主力缶製品が値下げ。となる見込みだ。

　2023年はコロナも開け，飲食店向けの業務用ビールは復調傾向にあるが，原材料の高騰もあり今回の改訂の恩恵は少ない。2022年に続き2023年も値上げされることになった。

●大手各社，積極的な海外進出もコロナが影を落とす

　酒類業界でもまた，海外市場を目指す動きが顕著になっている。国税庁

の発表では，2020年の国産酒類の輸出金額は前年比7.5％増の約710億円で，9年連続で過去最高。国内市場に縮小傾向が見える状況もあり，国内各社も，国産の輸出だけでなく，海外での製造・販売も含め，活動を活発化させている。

　2016年10月，「バドワイザー」や「コロナ」で知られるビール世界最大手アンハイザー・ブッシュ・インベブ（ベルギー）が，同2位の英SABミラーを約10兆円で買収し，世界シェアの3割を占める巨大企業が誕生した。同社は独占禁止法に抵触するのを避けるため，一部の事業を売却し，2016年から17年にかけて，アサヒがイタリアやオランダ，チェコなど中東欧のビール事業を総額約1兆2000億円で買収した。サントリーは2014年，米国蒸留酒大手ビーム社を1兆6500億円で買収し，相乗効果の創出を急いでいる。キリンは海外展開に苦戦しており，約3000億円を投じたブラジル事業を2017年に770億円でハイネケンに売却した。ただ，同年2月にはミャンマーのビール大手を買収し，すでに取得していた現地企業と合わせて，ミャンマーでの市場シェア9割を手中に収めている。また，ベトナムのビール事業で苦戦しているサッポロも，2017年に米国のクラフトビールメーカーであるアンカー・ブリューイング・カンパニーを買収した。同社のSAPPORO PREMIUM BEERは米国ではアジアビールブランドの売上トップであり，さらにクラフトビールを加えることで売上増を目指している。

　2020年は新型コロナウイルスの流行による影響で，飲食店で消費されるビールが減り，家庭で多く飲まれる第三のビールの販売量が増えた。在宅勤務や外出自粛などで運動不足になりがちな消費者が健康志向で発泡酒を求める動きもでてきている。

食品・飲料業界

直近の業界各社の関連ニュースを
ななめ読みしておこう。

食品値上げ一服、日用品は一段と　メーカー100社調査

消費財メーカー各社の値上げに一服感が漂っている。食品・日用品メーカーを対象に日経MJが10〜11月に実施した主力商品・ブランドの価格動向調査で、今後1年に値上げの意向を示した企業は51%と前回調査を11ポイント下回った。価格転嫁は進むものの販売量が減少。販路別の販売量では5割の企業がスーパー向けが減ったと回答した。

調査では今後1年間の値付けの意向について聞いた。値上げを「予定」「調整」「検討」すると回答した企業が全体の51%だった。3〜4月に実施した第1回調査からは24ポイント以上低下している。今回「値上げを予定」と回答した企業は22%と、前回調査を14ポイント下回った。

一方、価格を「変える予定はない」とした企業は6ポイント増の22%となった。値下げを「予定」「調整」「検討」と回答する企業は前回調査で1%だったが、今回は5%となった。直近3カ月で値上げした企業の割合は42%と、前回を9ポイント下回る。一方で「変えていない」とした企業は10ポイント増え59%となった。

値上げの一服感が顕著なのがここ2年ほど値上げを進めてきた食品各社。今後1年間の間に値上げを「予定」「調整」「検討」すると回答した企業の割合は計48%と、前回調査を10ポイント以上下回った。

こうした動きの背景の一つは消費者の値上げへの抵抗感が強まっていることだ。2021年以降に値上げした主力商品・ブランドについて「販売量は減った」と回答した企業は前回調査とほぼ同等の56%。値上げ前と比べ数量ベースで苦戦が続いている企業が多い状況がうかがえる。

「数量減があり、期待したほどの売り上げ増にはなっていない」と吐露するのはキッコーマンの中野祥三郎社長。同社は主力のしょうゆ関連調味料などを4月と8月に断続的に値上げした。収益改善効果を期待したが、国内の同調味料の

4～9月の売上高は前年同期比1.2%減となった。

今後については少しずつ値上げが浸透し数量ベースでも回復するとみるものの「食品業界全体で値上げが起こっているので、どうしても節約志向の面も出ている」と打ち明ける。

23年初めに家庭用・業務用の冷凍食品を最大25%値上げした味の素。同社によると、冷凍ギョーザ類では値上げ以降にそのシェアは13ポイント減の31%となり、1位の座を「大阪王将」を展開するイートアンドホールディングス（HD）に譲り渡すことになった。

実際、調査で聞いた「消費者の支出意欲」のDI（「高くなっている」から「低くなっている」を引いた指数）は前回から8ポイント悪化しマイナス16となった。3カ月後の業況見通しも7ポイント低下のマイナス11となり、前回調査と比べても消費者の財布のひもが固くなっている状況もうかがえる。

そんな節約意識の高まりで再び脚光を浴びているのが小売各社のPBだ。都内在住の40代の主婦は「同じようなものであればいいと、値ごろなPB（プライベートブランド）品を買う機会も増えてきた」と話す。

調査では、出荷先の業態ごとに1年前と比べた販売量の状況を聞いた。ドラッグストアとコンビニエンスストア向けは「変わらない」が最も多かったのに対し、食品スーパーや総合スーパー（GMS）は「減った」が最多となった。

実際、スーパー各社では売り上げに占めるPBの比率が増えている。ヤオコーはライフコーポレーションと共同開発した「スターセレクト」などが好調。23年4～9月期のPB売上高は前年同期比10%増となった。小売大手では、イオンが生鮮品を除く食品PBの半分の刷新を計画するなど需要獲得へ動きは広がる。

自社のブランドに加えてPBも生産する企業の思いは複雑だ。ニチレイの大櫛顕也社長は「開発コストなどを考えるとPBの方が有利な面もある」とする。一方で「収益性のよいものもあるが、相手先が終売を決めたとたんに収益がゼロになるリスクがある。ブランドを育てて展開する自社製品と異なる点だ」と語る。

一方で、値上げ局面が引き続き続くとみられるのが、日用品業界だ。食品より遅く22年前半頃から値上げを始めたこともあり、今回の調査では5割の企業が今後1年で値上げの意向を示した。食品メーカーを上回り、前回調査を17ポイント上回った。値上げを「予定」する企業に限ると前回調査はゼロだったが、今回は2割に増えた。

新型コロナウイルスによる社会的制約が一服したことから、外出機会が増加。それに伴い日用品業界は大手各社が主力とする洗剤や日焼け止め関連商品など

の需要が高まっており、他業界と比べ価格を引き上げやすい局面が続く。

値上げに積極的なのは最大手の花王。原材料高により22〜23年にかけて510億円と見込むマイナス影響のうち480億円を値上げでカバーする計画だ。UVケアなどを手掛ける事業は値上げしたものの数量ベースでも伸ばした。

エステーは「消臭力」の上位ランクに位置づけるシリーズで寝室向けの商品を発売。従来品の8割近く高い価格を想定している。

消費の減退が浮き彫りになる一方で原材料価格の見通しは不透明感を増している。食品・日用品各社のうち、仕入れ価格上昇が「24年7月以降も続く」と回答した企業は32％と、前回調査での「24年4月以降」を13ポイント下回った。一方で大きく増えたのが「わからない」の59％で、前回から18ポイント増加した。

J―オイルミルズの佐藤達也社長は「正直この先の原料価格の見通しを正確に読むことは私たちのみならずなかなかできないのではないか」と打ち明ける。不透明感が増す原材料価格も、企業の値上げへの考え方に影響を及ぼしている。ただ、ここ2年で進んできた値上げは着実に浸透している。主力商品・ブランドのコスト上昇分を「多少なりとも価格転嫁できている」と回答した企業は9割を超え引き続き高水準だった。実勢価格について「想定通り上昇し、その価格が維持している」と回答した企業は56％で前回調査を8ポイント上回った。

茨城県在住の40代の主婦は「全体的に物価は上がってきている。高い金額に慣れてきてしまうのかなとも思う」と話す。メーカーと消費者心理の難しい駆け引きは続く。　　　　　　　　　　　（2023年12月2日　日本経済新聞）

マルコメなど、日本大豆ミート協会設立　市場拡大目指す

味噌製造大手のマルコメなど5社は24日、東京都内で「日本大豆ミート協会」の設立記者会見を開いた。大豆を原料に味や食感を肉に近づけた食品の普及を担う。2022年に制定された大豆ミートの日本農林規格（JAS）の見直しなど、業界のルール作りも進める。

同協会は9月1日設立で、マルコメのほか大豆ミート食品を販売するスターゼン、伊藤ハム米久ホールディングス、日本ハム、大塚食品が加盟する。会長はマルコメの青木時男社長、副会長はスターゼンの横田和彦社長が務める。

5社は大豆ミートのJAS規格制定で中心的な役割を担った。JAS規格は5年ごとに見直ししており、27年に向けて内容を精査する。事務局は「今後は多

くの企業の加盟を募りたい」としている。

健康志向の高まりや、人口増加にともなう世界的なたんぱく質不足への懸念から、植物由来の「プラントベースフード」への関心は世界的に高まっている。畜肉に比べて生産過程での環境負荷が低い大豆ミートは新たなたんぱく源として注目される。

日本能率協会の調査によると、19年度に15億円だった大豆ミートの国内市場規模は25年度には40億円になる見通しだ。それでも海外に比べればプラントベースフードの認知度は低い。青木時男会長は「加盟企業が一体となって商品の普及や市場拡大を図り、業界全体の発展を目指す」と話した。

（2023年10月24日　日本経済新聞）

農林水産品の輸出額最高　23年上半期7144億円

農林水産省は4日、2023年上半期（1〜6月）の農林水産物・食品の輸出額が前年同期比9.6%増の7144億円となり、過去最高を更新したと発表した。上半期として7000億円を超えるのは初めてだ。

新型コロナウイルスの感染拡大に伴う行動制限の解除に加え、足元の円安で中国や台湾などアジアを中心に輸出額が伸びた。

内訳では農産物が4326億円、水産物が2057億円、林産物が307億円だった。1品目20万円以下の少額貨物は454億円だった。

品目別では清涼飲料水が前年同期比24%増の272億円となった。東南アジアを中心に単価の高い日本産の美容ドリンクなどの需要が高まったとみられる。

真珠は129%増の223億円だった。香港で4年ぶりに宝石の国際見本市が開催され、日本産真珠の需要が伸びた。漁獲量の減少を受け、サバはエジプトなどアフリカやマレーシア、タイといった東南アジア向けの輸出が減り、49%減の57億円にとどまった。

林産物のうち製材は44%減の30億円だった。米国の住宅ローン金利の高止まりを受けて住宅市場が低迷し、需要が減った。

輸出先の国・地域別でみると中国が1394億円で最も多く、香港の1154億円が続いた。台湾や韓国などアジア地域は前年同期比で相次いで10%以上増加した。物価高が続く米国では日本酒といった高付加価値品が苦戦し、7.9%減の964億円となった。

政府は農産品の輸出額を25年までに2兆円、30年までに5兆円まで拡大する

目標を掲げる。農水省によると、25年の目標達成には毎年12％程度の増加率を満たす必要がある。

22年には改正輸出促進法が施行し、輸出に取り組む「品目団体」を業界ごとに国が認定する制度が始まった。販路開拓や市場調査、海外市場に応じた規格策定などを支援している。

下半期には輸出減速のおそれもある。中国や香港が東京電力福島第1原子力発電所の処理水の海洋放出の方針に反発し、日本からの輸入規制の強化を打ち出しているためだ。日本産の水産物が税関で留め置かれる事例も発生している。

（2023年8月4日　日本経済新聞）

猛暑で消費押し上げ　飲料やアイスなど販売1〜3割増

全国的な猛暑が個人消費を押し上げている。スーパーでは清涼飲料水やアイスなどの販売が前年比で1〜3割ほど伸びている。都内ホテルのプールの利用も堅調だ。値上げの浸透やインバウンド（訪日外国人客）の回復で景況感が改善している消費関連企業にとって、猛暑はさらなる追い風となっている。

気象庁は1日、7月の平均気温が平年を示す基準値（1991〜2020年の平均）を1.91度上回り、統計を開始した1898年以降で最も高くなったと発表した。8、9月も気温は全国的に平年よりも高く推移する見通しだ。

首都圏で食品スーパーを運営するいなげやでは、7月1〜26日の炭酸飲料の販売が前年同時期と比較して33％増えた。消費者が自宅での揚げ物調理を控えたため、総菜のコロッケの販売も同31％増と大きく伸びた。

食品スーパーのサミットでは7月のアイスクリームの売上高が前年同月から11％伸びた。コンビニエンスストアのローソンでは7月24〜30日の「冷しうどん」の販売が前年同期比6割増となった。

日用品や家電でも夏物商品の販売が好調だ。伊勢丹新宿本店（東京・新宿）では7月、サングラス（前年同月比69.9％増）や日焼け止めなど紫外線対策ができる化粧品（同63.7％増）の販売が大きく伸長した。ヤマダデンキではエアコンと冷蔵庫の7月の販売が、新型コロナウイルス禍での巣ごもり需要と政府からの特別給付金の支給で家電の買い替えが進んだ20年の7月を上回るペースで伸びているという。

メーカーは増産に動く。キリンビールは主力のビール「一番搾り」の生産を8月に前年同月比1割増やす予定だ。サントリーも8月、ビールの生産を前年同

月比5割増やす。花王は猛暑を受けて涼感を得られる使い捨てタオル「ビオレ冷タオル」の生産量を増やしている。

レジャー産業も猛暑の恩恵を受けている。品川プリンスホテル（東京・港）では、7月のプールの売上高は19年同月比で2.7倍となった。

個人消費の拡大につながるとされる猛暑だが、暑すぎることで販売が鈍る商品も出てきた。いなげやではチョコパンやジャムパンの販売が7月に前年から半減した。「猛暑だと甘いお菓子やパンの販売が落ちる」（同社）

菓子大手のロッテもチョコレートの販売が「7月は想定を下回った」という。

一方、明治は夏向け商品として、定番のチョコレート菓子「きのこの山」のチョコレート部分がない「チョコぬいじゃった！きのこの山」を7月25日に発売した。計画を上回る売れ行きだという。

フマキラーによると、蚊の対策商品の7月24〜30日の販売が業界全体で前年同時期を3％下回った。「25〜30度が蚊の活動には適しているとされており、高温で蚊の活動が鈍っているとみられる」（同社）

第一生命経済研究所の永浜利広首席エコノミストの試算によると、7〜9月の平均気温が1度上昇すると約2900億円の個人消費の押し上げ効果が期待できるという。

消費関連企業の景況感を示す「日経消費DI」の7月の業況判断指数（DI）は、前回調査（4月）を11ポイント上回るプラス9となり1995年の調査開始以来の最高となった。今夏の猛暑が一段と消費を押し上げる可能性もある。

（2023年8月2日　日本経済新聞）

食品値上げ、大手から中堅企業に波及　店頭価格8.7％上昇

食品や日用品の店頭価格の上昇が続いている。POS（販売時点情報管理）データに基づく日次物価の前年比伸び率は6月28日時点で8.7％となった。昨年秋以降、業界大手を中心に価格改定に踏み切り、中堅企業などが追いかける「追随型値上げ」が多くの商品で広がっている。

デフレが長く続く日本では値上げで売り上げが落ち込むリスクが強く意識され、価格転嫁を避ける傾向があった。ウクライナ危機をきっかけに原材料高を商品価格に反映する動きが広がり、潮目が変わりつつある。

日経ナウキャスト日次物価指数から分析した。この指数はスーパーなどのPOSデータをもとにナウキャスト（東京・千代田）が毎日算出している。食品

や日用品の最新のインフレ動向をリアルタイムに把握できる特徴がある。

217品目のうち価格が上昇したのは199品目、低下は16品目だった。ロシアによるウクライナ侵攻が始まった2022年2月に価格が上昇していたのは130品目にとどまっていた。全体の前年比伸び率も当時は0.7%だった。

ヨーグルトの値段は22年夏までほぼ横ばいだったが、11月に6%上昇し、今年4月以降はその幅が10%となった。この2回のタイミングでは業界最大手の明治がまず値上げを発表し、森永乳業や雪印メグミルクなどが続いた。

その結果、江崎グリコなどシェアが高くないメーカーも値上げしやすい環境になり、業界に波及した。

冷凍総菜も昨年6月は4%程度の上昇率だったが、11月に9%まで加速し、23年6月は15%まで上がった。味の素冷凍食品が2月に出荷価格を上げたことが影響する。

ナウキャストの中山公汰氏は「値上げが大手だけでなく中堅メーカーに広がっている」と話す。

ナウキャストによると、値上げをしてもPOSでみた売上高は大きく落ちていないメーカーもみられる。インフレが定着しつつあり、値上げによる客離れがそこまで深刻化していない可能性がある。

品目の広がりも鮮明だ。ウクライナ侵攻が始まった直後は食用油が15%、マヨネーズが11%と、資源価格の影響を受けやすい商品が大きく上昇する傾向にあった。

23年6月は28日までの平均で生鮮卵が42%、ベビー食事用品が26%、水産缶詰が21%の上昇になるなど幅広い商品で2ケタの値上げがみられる。

日本は米欧に比べて価格転嫁が遅れ気味だと指摘されてきた。食品価格の上昇率を日米欧で比べると米国は昨年夏に10%強まで加速したが、足元は6%台に鈍化した。ユーロ圏は今年3月に17%台半ばまで高まり、5月は13%台に鈍った。

日本は昨夏が4%台半ば、昨年末は7%、今年5月に8%台半ばと、上げ幅が徐々に高まってきた。直近では瞬間的に米国を上回る伸び率になった。

帝国データバンクが主要食品企業を対象に調査したところ7月は3566品目で値上げが予定されている。昨年10月が7864件と多かったが、その後も幅広く価格改定の表明が続く。

昨年、一時的に10%を超えた企業物価指数は足元で5%台まで伸びが鈍化しており、資源高による川上価格の上昇は一服しつつある。

それでも昨年からの仕入れ価格上昇や足元の人件費増を十分に価格転嫁ができ

ているとは限らず、値上げに踏み切るメーカーは今後も出てくると予想される。
日本のインフレも長引く様相が強まっている。

（2023年7月3日　日本経済新聞）

東京都、フードバンク寄付に助成　食品ロス対策を加速

東京都は食品ロスの削減に向けた対策を拡充する。フードバンク団体へ食品を
寄付する際の輸送費の助成のほか、消費者向けの普及啓発のコンテンツも作成。
商習慣などにより発生する食品ロスを減らし、廃棄ゼロに向けた取り組みを加
速する。

2023年度から中小小売店が未利用食品をフードバンク活動団体に寄付する際
の輸送費の助成を始める。今年度予算に関連費用1億円を計上した。フードバ
ンクは食品の品質には問題がないが、賞味期限が近いなどの理由で通常の販売
が困難な食品を福祉施設や生活困窮者へ無償提供する団体。都は企業などから
フードバンクや子ども食堂に寄付する配送費の助成により、寄贈ルートの開拓
につなげたい考えだ。

小売業界は鮮度を重視する消費者の需要に対応するため、メーカーが定める賞
味期限の3分の1を過ぎるまでに納品する「3分の1ルール」が慣習となってい
る。メーカーや卸による納品期限を過ぎると賞味期限まで数カ月残っていても
商品はメーカーなどに返品され、大半が廃棄されるため食品ロスの一因となっ
ていた。

また、都は店舗における食品の手前取りの啓発事業なども始める。陳列棚の手
前にある販売期限が近い商品を優先して購入してもらう。業種ごとに食品の廃
棄実態の調査をし、消費者の行動変容を促すための普及啓発のコンテンツも作
成する。関連経費として4千万円を予算に計上した。

東京都の食品ロス量は19年度で約44.5万トンと推計されており、00年度の
約76万トンから年々減少傾向にある。都は00年度比で30年に食品ロス半減、
50年に実質ゼロの目標を掲げており、2月に有識者らからなる会議で賞味期
限前食品の廃棄ゼロ行動宣言を採択した。

独自のフードロス対策を進める自治体もある。台東区は4月、都内の自治体と
して初めて無人販売機「fuubo（フーボ）」を区役所に設置した。パッケージ変
更などで市場に流通できなくなった商品を3～9割引きで購入できる。賞味期
限が近づくほど割引率が上がるシステムだ。区民に食品ロス削減の取り組みを

知ってもらい、実際の行動に移してもらう考えだ。

（2023年5月12日　日本経済新聞）

ビール系飲料販売22年2%増　業務用回復、アサヒ首位に

アサヒビールなどビール大手4社の2022年のビール系飲料国内販売数量は前年比2%増の約3億4000万ケースとなり、18年ぶりに前年を上回った。外食需要が回復し、飲食店向けが伸びた。業務用に強いアサヒが3年ぶりにシェア首位となった。新型コロナウイルス禍前の19年比では市場全体で1割減少しており、各社とも23年10月に減税となるビールに力を入れる。

各社が13日までに発表した22年の販売実績などを基に推計した。飲食店向けなど業務用の22年の販売数量は前年比4割増えた。21年に緊急事態宣言下などでの酒類販売の制限で落ち込んだ反動に加えて、外食需要の回復が寄与した。一方、家庭向けは3%減った。コロナ禍から回復し外食需要が戻ったことで「家飲み」の機会が減少した。ジャンル別ではビールが14%増、発泡酒が4%減、第三のビールは7%減だった。

10月には各社が家庭用では14年ぶりとなる値上げを実施した。第三のビールを中心に駆け込み需要が発生した。第三のビールはその反動もあり、減少傾向には歯止めがかからなかった。

家飲みから外食へ消費が移り、家庭用に強いキリンビールがシェアを落とす一方、業務用で高いシェアを持つアサヒは販売を増やした。ビール系飲料全体のシェアはアサヒが36.5%となり、35.7%のキリンを逆転した。

18年ぶりにプラスとなったものの、長期的にみると、市場の縮小傾向は変わらない。キリンビールの堀口英樹社長は22年のビール市場を「コロナで落ち込んだ業務用の回復が大きい」と分析する。その業務用も19年比では4割近く減っている。

23年はビール系飲料全体の販売数量が最大で3～4%減少する見通し。10月の酒税改正で増税となる第三のビールの落ち込みや、物価の高騰による消費の低迷を見込む。

（2023年1月13日　日本経済新聞）

▶労働環境

職種：法人営業　　年齢・性別：30代前半・男性

・明るく前向きで，仕事に対して非常にまじめな方が多いです。
・助け合いの精神が，社風から自然に培われているように感じます。
・上司の事も『さん』付けで呼ぶなど，上層部との距離が近いです。
・ピンチになった時など，先輩方がきちんとフォローしてくれます。

職種：製品開発（食品・化粧品）　　年齢・性別：20代後半・男性

・やる人のモチベーションによって正当な評価をしてくれます。
・新人にこんな重要な仕事を任せるのかと不安になることもあります。
・大きな仕事を乗り越えた後には，自分が成長したことを実感します。
・自分を売り込んでガンガン活躍したい人には良い環境だと思います。

職種：法人営業　　年齢・性別：20代後半・男性

・昇給制度や評価制度は，残念ながら充実しているとは言えません。
・頑張りによって給料が上がるわけではなく，年功序列型のため，特に20代の若いうちは，みんな横並びで物足りないかもしれません。
・今は課長職が飽和状態なので，昇進には時間がかかります。

職種：代理店営業　　年齢・性別：20代前半・男性

・この規模の企業としては，給与は非常に良いと思います。
・年功序列が根強く残っており，確実に基本給与は上がっていきます。
・賞与については上司の評価により変動するので，何とも言えません。
・最近は中途採用も増えてきましたが，差別なく評価してもらえます。

▶ 福利厚生

職種：**法人営業**　　年齢・性別：**20代後半・男性**

・福利厚生はかなり充実していて，さすが大企業という感じです。
・宿泊ホテルの割引きや，スポーツジムも使えるのでとても便利。
・残業については，あったりなかったり，支社によってバラバラです。
・売り上げなどあまり厳しく言われないので気持ちよく働けます。

職種：**生産技術・生産管理（食品・化粧品）**　　年齢・性別：**20代後半・男性**

・留学制度などがあるので，自分のやる気次第で知識を得られます。
・食品衛生など安全面の知識を学習する機会もきちんとあります。
・研修制度は整っているのでそれをいかに活用できるかだと思います。
・意欲を持って取り組めばどんどん成長できる環境にあると思います。

職種：**ルートセールス・代理店営業**　　年齢・性別：**20代後半・男性**

・休暇は比較的取りやすく，有給休暇の消化も奨励されています。
・住宅補助は手厚く，40代になるまで社宅住まいの人も多くいます。
・社内応募制度もありますが，どこまで機能しているのかは不明です。
・出産育児支援も手厚く，復帰してくる女性社員も見かけます。

職種：**技術関連職**　　年齢・性別：**20代前半・男性**

・福利厚生については，上場企業の中でも良い方だと思います。
・独身寮もあり，社食もあるため生活費はだいぶ安くすみます。
・結婚や30歳を過ぎると寮を出ることになりますが家賃補助が出ます。
・残業は1分でも過ぎたらつけてもよく，きちんと支払われます。

▶仕事のやりがい

職種：法人営業　　年齢・性別：30代前半・男性

・自社ブランドの製品に愛着があり，それがやりがいになっています。食品という競合他社の多い商品を扱う難しさはありますが。
・消費者にどう商品を届けるかを考えるのは大変ですが楽しいです。
・得意先と共通の目的をもって戦略を練るのも非常に面白く感じます。

職種：法人営業　　年齢・性別：30代前半・男性

・自社製品が好きで自分の興味と仕事が一致しているので面白いです。
・スーパーなど流通小売の本部への営業はとてもやりがいがありますが，販売のボリュームも大きく，数字に対しての責任も感じています。
・競合に負けないようモチベーションを保ち，日々活動しています。

職種：技能工（整備・メカニック）　　年齢・性別：20代後半・男性

・若い時から大きな仕事を1人で任されることがあり非常に刺激的。
・大きな仕事をやりきると，その後の会社人生にプラスになります。
・やはり本社勤務が出世の近道のようです。
・シェアをどう伸ばすかを考えるのも大変ですがやりがいがあります。

職種：個人営業　　年齢・性別：20代後半・女性

・仕事の面白みは，手がけた商品を世の中に提供できるという点です。
・商品を手に取るお客さんの姿を見るのは非常に嬉しく思います。
・商品企画に携わることができ，日々やりがいを感じています。
・シェアが業界的に飽和状態なのでより良い商品を目指し奮闘中です。

▶ブラック？ホワイト？

職種：研究開発　　年齢・性別：40代後半・男性

・最近は課長に昇進する女性が増え，部長になる方も出てきました。
・女性の場合は独身か，子供がいない既婚者は出世をしています。
・育児休暇を取る人はやはり出世は遅れてしまうようです。
・本当に男女平等になっているかどうかは何ともいえません。

職種：営業関連職　　年齢・性別：20代後半・男性

・ワークライフバランスについてはあまり良くありません。
・一応週休2日制としていますが，実際には週に1日休めれば良い方。
・基本的に残業体質のため，日付が変わる時間まで残業する部署も。
・長期の休みは新婚旅行と永年勤続表彰での旅行以外では取れません。

職種：法人営業　　年齢・性別：20代前半・女性

・総合職で大卒の女性社員が非常に少ないです。
・拘束時間の長さ，産休などの制度が不確立なためかと思います。
・業界全体に，未だに男性優位な風潮が見られるのも問題かと。
・社風に関しても時代の変化に対応しようとする動きは見られません。

職種：営業関連職　　年齢・性別：20代後半・男性

・寮費は安く水道光熱費も免除ですが，2～4人部屋です。
・寮にいる限り完全にプライベートな時間というのは難しいです。
・食事に関しては工場内に食堂があるので，とても安く食べられます。
・社員旅行はほぼ強制参加で，旅費は給与天引きの場合もあります。

▶女性の働きやすさ

職種：ソフトウェア関連職　　年齢・性別：40代前半・男性

・女性の管理職も多く，役員まで上り詰めた方もいます。
・特に女性だから働きにくい，という社風もないと思います。
・男性と同じように評価もされ，多様な働き方を選ぶことができて，多くの女性にとっては働きやすく魅力的な職場といえると思います。

職種：法人営業　　年齢・性別：20代後半・男性

・社員に非常に優しい会社なので，とても働きやすいです。
・女性には優しく，育休後に復帰しにくいということもありません。
・出産後の時短勤務も可能ですし，男性社員の理解もあります。
・会社として女性管理職を増やす取り組みに力を入れているようです。

職種：研究開発　　年齢・性別：40代前半・男性

・課長くらいまでの昇進なら，男女差はあまりないようです。
・部長以上になると女性は極めて少ないですが，ゼロではありません。
・女性の場合，時短や育児休暇，介護休暇等の制度利用者は多いです。
・育休や介護休暇が昇進にどう影響するかは明確ではありません。

職種：研究・前臨床研究　　年齢・性別：30代前半・男性

・「男性と変わらず管理職を目指せます！」とはいい難い職場です。
・産休などは充実していますが，体育会系の男性の職場という雰囲気。
・管理職でなければ，女性で活躍しておられる方は多くいます。
・もしかすると5年後には状況は変わっているかもしれません。

▶ 今後の展望

職種：営業　　年齢・性別：20代後半・男性
- 今後の事業の流れとしては，海外進出と健康関連事業がカギかと。
- 東南アジアでは日本の成功事例を元に売上の拡大が続いています。
- 世界各国でのM＆Aの推進による売上規模の拡大も期待できます。
- 新市場開拓としては，アフリカや中南米に力を入れていくようです。

職種：営業　　年齢・性別：20代後半・女性
- 原材料の高騰など国内事業は厳しさを増しています。
- 海外事業の展開も現状芳しくなく，今後の見通しは良くないです。
- 新商品やマーケティングではスピードが求められています。
- 近年は農業部門に力を入れており，評価の高さが今後の強みかと。

職種：製造　　年齢・性別：20代後半・男性
- 国内でパイを争っており，海外での売上が見えません。
- 他のメーカーに比べ海外展開が弱く，かなり遅れをとっています。
- 国内市場は縮小傾向にあるため，海外展開が弱いのは厳しいかと。
- 今後は海外戦略へ向け，社員教育の充実が必要だと思います。

職種：営業　　年齢・性別：20代後半・女性
- 家庭用商品には強いですが，外食，中食業界での競争力が弱いです
- 今後は，業務用，高齢者や少人数家族向け商品を強化する方針です。
- 健康食品分野や通信販売等へも，積極的に取り組むようです。
- アジア市場の開拓を中心とした，海外事業の展開が進んでいます。

食品・飲料業界　国内企業リスト（一部抜粋）

区別	会社名	本社住所
食料品（東証一部）	日本製粉株式会社	東京都渋谷区千駄ヶ谷 5-27-5
	株式会社 日清製粉グループ本社	東京都千代田区神田錦町一丁目 25 番地
	日東富士製粉株式会社	東京都中央区新川一丁目 3 番 17 号
	昭和産業株式会社	東京都千代田区内神田 2 丁目 2 番 1 号 （鎌倉河岸ビル）
	鳥越製粉株式会社	福岡市博多区比恵町 5-1
	協同飼料株式会社	神奈川県横浜市西区高島 2-5-12 横浜 DK ビル
	中部飼料株式会社	愛知県知多市北浜町 14 番地 6
	日本配合飼料株式会社	横浜市神奈川区守屋町 3 丁目 9 番地 13 TVP ビルディング
	東洋精糖株式会社	東京都中央区日本橋小網町 18 番 20 号 洋糖ビル
	日本甜菜製糖株式会社	東京都港区三田三丁目 12 番 14 号
	三井製糖株式会社	東京都中央区日本橋箱崎町 36 番 2 号 （リバーサイド読売ビル）
	森永製菓株式会社	東京都港区芝 5-33-1
	株式会社中村屋	東京都新宿区新宿三丁目 26 番 13 号
	江崎グリコ株式会社	大阪府大阪市西淀川区歌島 4 丁目 6 番 5 号
	名糖産業株式会社	愛知県名古屋市西区笹塚町二丁目 41 番地
	株式会社不二家	東京都文京区大塚 2-15-6
	山崎製パン株式会社	東京都千代田区岩本町 3-10-1
	第一屋製パン株式会社	東京都小平市小川東町 3 丁目 6 番 1 号
	モロゾフ株式会社	神戸市東灘区向洋町西五丁目 3 番地
	亀田製菓株式会社	新潟県新潟市江南区亀田工業団地 3-1-1
	カルビー株式会社	東京都千代田区丸の内 1-8-3 丸の内トラストタワー本館 22 階

区別	会社名	本社住所
食料品（東証一部）	森永乳業株式会社	東京都港区芝五丁目 33 番 1 号
	六甲バター株式会社	神戸市中央区坂口通一丁目 3 番 13 号
	株式会社ヤクルト本社	東京都港区東新橋 1 丁目 1 番 19 号
	明治ホールディングス株式会社	東京都中央区京橋二丁目 4 番 16 号
	雪印メグミルク株式会社	北海道札幌市東区苗穂町 6 丁目 1 番 1 号
	プリマハム株式会社	東京都品川区東品川 4 丁目 12 番 2 号 品川シーサイドウエストタワー
	日本ハム株式会社	大阪市北区梅田二丁目 4 番 9 号 ブリーゼタワー
	伊藤ハム株式会社	兵庫県西宮市高畑町 4 − 27
	林兼産業株式会社	山口県下関市大和町二丁目 4 番 8 号
	丸大食品株式会社	大阪府高槻市緑町 21 番 3 号
	米久株式会社	静岡県沼津市岡宮寺林 1259 番地
	エスフーズ株式会社	兵庫県西宮市鳴尾浜 1 丁目 22 番 13
	サッポロホールディングス株式会社	東京都渋谷区恵比寿四丁目 20 番 1 号
	アサヒグループホールディングス株式会社	東京都墨田区吾妻橋 1-23-1
	キリンホールディングス株式会社	東京都中野区中野 4-10-2 中野セントラルパークサウス
	宝ホールディングス株式会社	京都市下京区四条通烏丸東入長刀鉾町 20 番地
	オエノンホールディングス株式会社	東京都中央区銀座 6-2-10
	養命酒製造株式会社	東京都渋谷区南平台町 16-25
	コカ・コーラウエスト株式会社	福岡市東区箱崎七丁目 9 番 66 号
	コカ・コーライーストジャパン株式会社	東京都港区芝浦 1 丁目 2 番 3 号 シーバンス S 館

区別	会社名	本社住所
食料品（東証一部）	サントリー食品インターナショナル株式会社	東京都中央区京橋三丁目 1-1 東京スクエアガーデン 9・10 階
	ダイドードリンコ株式会社	大阪市北区中之島二丁目 2 番 7 号
	株式会社伊藤園	東京都渋谷区本町 3 丁目 47 番 10 号
	キーコーヒー株式会社	東京都港区西新橋 2-34-4
	株式会社ユニカフェ	東京都港区新橋六丁目 1 番 11 号
	ジャパンフーズ株式会社	千葉県長生郡長柄町皿木 203 番地 1
	日清オイリオグループ株式会社	東京都中央区新川一丁目 23 番 1 号
	不二製油株式会社	大阪府泉佐野市住吉町 1 番地
	かどや製油株式会社	東京都品川区西五反田 8-2-8
	株式会社 J- オイルミルズ	東京都中央区明石町 8 番 1 号 聖路加タワー 17F ～ 19F
	キッコーマン株式会社	千葉県野田市野田 250
	味の素株式会社	東京都中央区京橋一丁目 15 番 1 号
	キユーピー株式会社	東京都渋谷区渋谷 1-4-13
	ハウス食品グループ本社株式会社	東京都千代田区紀尾井町 6 番 3 号
	カゴメ株式会社	愛知県名古屋市中区錦 3 丁目 14 番 15 号
	焼津水産化学工業株式会社	静岡県焼津市小川新町 5 丁目 8-13
	アリアケジャパン株式会社	東京都渋谷区恵比寿南 3-2-17
	株式会社ニチレイ	東京都中央区築地六丁目 19 番 20 号 ニチレイ東銀座ビル
	東洋水産株式会社	東京都港区港南 2 丁目 13 番 40 号
	日清食品ホールディングス株式会社	東京都新宿区新宿六丁目 28 番 1 号
	株式会社永谷園	東京都港区西新橋 2 丁目 36 番 1 号
	フジッコ株式会社	神戸市中央区港島中町 6 丁目 13 番地 4

区別	会社名	本社住所
食料品（東証一部）	株式会社 ロック・フィールド	神戸市東灘区魚崎浜町 15 番地 2
	日本たばこ産業株式会社	東京都港区虎ノ門 2-2-1
	ケンコーマヨネーズ 株式会社	兵庫県神戸市灘区都通 3 丁目 3 番 16 号
	わらべや日洋株式会社	東京都小平市小川東町 5-7-10
	株式会社なとり	東京都北区王子 5 丁目 5 番 1 号
	ミヨシ油脂株式会社	東京都葛飾区堀切 4-66-1
水産・農林業	株式会社 極洋	東京都港区赤坂三丁目 3 番 5 号
	日本水産株式会社	東京都千代田区大手町 2-6-2（日本ビル 10 階）
	株式会社マルハニチロ ホールディングス	東京都江東区豊洲三丁目 2 番 20 号 豊洲フロント
	株式会社 サカタのタネ	横浜市都筑区仲町台 2-7-1
	ホクト株式会社	長野県長野市南堀 138-1
食料品（東証二部）	東福製粉株式会社	福岡県福岡市中央区那の津 4 丁目 9 番 20 号
	株式会社増田製粉所	神戸市長田区梅ケ香町 1 丁目 1 番 10 号
	日和産業株式会社	神戸市東灘区住吉浜町 19-5
	塩水港精糖株式会社	東京都中央区日本橋堀留町 2 丁目 9 番 6 号 ニュー ESR ビル
	フジ日本精糖株式会社	東京都中央区日本橋茅場町 1-4-9
	日新製糖株式会社	東京都中央区日本橋小網町 14-1 住生日本橋小網町ビル
	株式会社ブルボン	新潟県柏崎市松波 4 丁目 2 番 14 号
	井村屋グループ株式会社	三重県津市高茶屋七丁目 1 番 1 号
	カンロ株式会社	東京都中野区新井 2 丁目 10 番 11 号
	寿スピリッツ株式会社	鳥取県米子市旗ケ崎 2028 番地
	福留ハム株式会社	広島市西区草津港二丁目 6 番 75 号

区別	会社名	本社住所
食料品（東証二部）	ジャパン・フード＆リカー・アライアンス株式会社	香川県小豆郡小豆島町苗羽甲 1850 番地
	北海道コカ・コーラボトリング株式会社	札幌市清田区清田一条一丁目 2 番 1 号
	ボーソー油脂株式会社	東京都中央区日本橋本石町四丁目 5-12
	攝津製油株式会社	大阪府堺市西区築港新町一丁 5 番地 10
	ブルドックソース株式会社	東京都中央区日本橋兜町 11-5
	エスビー食品株式会社	東京都中央区日本橋兜町 18 番 6 号
	ユタカフーズ株式会社	愛知県知多郡武豊町字川脇 34 番地の 1
	株式会社 ダイショー	東京都墨田区亀沢 1 丁目 17-3
	株式会社ピエトロ	福岡市中央区天神 3-4-5
	アヲハタ株式会社	広島県竹原市忠海中町一丁目 1 番 25 号
	はごろもフーズ株式会社	静岡県静岡市清水区島崎町 151
	株式会社セイヒョー	新潟市北区島見町 2434 番地 10
	イートアンド株式会社	東京都港区虎ノ門 4 丁目 3 番 1 号 城山トラストタワー 18 階
	日本食品化工株式会社	東京都千代田区丸の内一丁目 6 番 5 号 丸の内北口ビル 20 階
	石井食品株式会社	千葉県船橋市本町 2-7-17
	シノブフーズ株式会社	大阪市西淀川区竹島 2 丁目 3 番 18 号
	株式会社あじかん	広島市西区商工センター七丁目 3 番 9 号
	旭松食品株式会社	長野県飯田市駄科 1008
	サトウ食品工業株式会社	新潟県新潟市東区宝町 13 番 5 号
	イフジ産業株式会社	福岡県糟屋郡粕屋町大字戸原 200-1
	理研ビタミン株式会社	東京都千代田区三崎町 2-9-18 TDC ビル 11・12 階

第**3**章

就職活動のはじめかた

入りたい会社は決まった。しかし「就職活動とはそもそ
も何をしていいのかわからない」「どんな流れで進むか
わからない」という声は意外と多い。ここでは就職活
動の一般的な流れや内容，対策について解説していく。

▶就職活動のスケジュール

3月	**4**月	**6**月

就職活動スタート

2025年卒の就活スケジュールは,経団連と政府を中心に議論され,2024年卒の採用選考スケジュールから概ね変更なしとされている。

エントリー受付・提出

OB・OG訪問

企業の説明会には積極的に参加しよう。独自の企業研究だけでは見えてこなかった新たな情報を得る機会であるとともに,モチベーションアップにもつながる。また,説明会に参加した者だけに配布する資料などもある。

合同企業説明会　　**個別企業説明会**

筆記試験・面接試験等始まる(3月～)

内々定(大手企業)

2月末までにやっておきたいこと

就職活動が本格化する前に,以下のことに取り組んでおこう。
　　◎自己分析　　◎インターンシップ　　◎筆記試験対策
　　◎業界研究・企業研究　　◎学内就職ガイダンス
自分が本当にやりたいことはなにか,自分の能力を最大限に活かせる会社はどこか。自己分析と企業研究を重ね,それを文章などにして明確にしておき,面接時に最大限に活用できるようにしておこう。

7月　　　　　**8月**　　　　　**10月**

中 小 企 業 採 用 本 格 化

内定者の数が採用予定数に満た
ない企業，1年を通して採用を継
続している企業，夏休み以降に採
用活動を実施企業（後期採用）は
採用活動を継続して行っている。
大企業でも後期採用を行っている
こともあるので，企業から内定が
出ても，納得がいかなければ継続
して就職活動を行うこともある。

中小企業の採用が本格化するのは大手
企業より少し遅いこの時期から。HP
などで採用情報をつかむとともに，企
業研究も怠らないようにしよう。

内々定とは10月1日以前に通知（電話等）
されるもの。内定に関しては現在協定があり，
10月1日以降に文書等にて通知される。

内々定（中小企業）　　　内定式（10月〜）

どんな人物が求められる？

多くの企業は，常識やコミュニケーション能力があり，社会のできごと
に高い関心を持っている人物を求めている。これは「会社の一員とし
て将来の企業発展に寄与してくれるか」という視点に基づく，もっとも
普遍的な選考基準だ。もちろん，「自社の志望を真剣に考えているか」
「自社の製品，サービスにどれだけの関心を向けているか」という熱
意の部分も重要な要素になる。

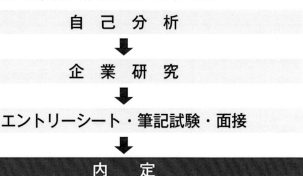

STEP1 就職活動のスタート

内定までの道のりは，大きく分けると以下のようになる。

自 己 分 析

⬇

企 業 研 究

⬇

エントリーシート・筆記試験・面接

⬇

内 定

01 まず自己分析からスタート

就職活動とは，「企業に自分をPRすること」。自分自身の興味，価値観に加えて，強み・能力という要素が加わって，初めて企業側に「自分が働いたら，こういうポイントで貢献できる」と自分自身を売り込むことができるようになる。

■自分の来た道を振り返る

自己分析をするための第一歩は，「振り返ってみる」こと。

小学校，中学校など自分のいた"場"ごとに何をしたか（部活動など），何を学んだか，交友関係はどうだったか，興味のあったこと，覚えている印象的なことを書き出してみよう。

■テストを受けてみる

"自分では気がついていない能力"を客観的に検査してもらうことで，自分に向いている職種が見えてくる。下記の5種類が代表的なものだ。

①職業適性検査　②知能検査　③性格検査

④職業興味検査　⑤創造性検査

■先輩や専門家に相談してみる

　就職活動をするうえでは，“いかに他人に自分のことをわかってもらうか”が重要なポイント。他者の視点で自分を分析してもらうことで，より客観的な視点で自己PRができるようになる。

自己分析の流れ

❏過去の経験を書いてみる

❏現在の自己イメージを明確にする…行動，考え方，好きなものなど。

❏他人から見た自分を明確にする

❏将来の自分を明確にしてみる…どのような生活をおくっていたいか。期待，夢，願望。なりたい自分はどういうものか，掘り下げて考える。→自己分析結果を，志望動機につなげていく。

01　企業の絞り込み

　志望企業の絞り込みについての考え方は大きく分けて2つある。

　第1は，同一業種の中で1次候補，2次候補……と絞り込んでいく方法。

　第2は，業種を1次，2次，3次候補と変えながら，それぞれに2社程度ずつ絞り込んでいく方法。

　第1の方法では，志望する同一業種の中で，一流企業，中堅企業，中小企業，縁故などがある歯止めの会社……というふうに絞り込んでいく。

　第2の方法では，自分が最も望んでいる業種，将来好きになれそうな業種，発展性のある業種，安定性のある業種，現在好況な業種……というふうに区別して，それぞれに適当な会社を絞り込んでいく。

02　情報の収集場所

- ・キャリアセンター
- ・新聞
- ・インターネット
- ・企業情報

『就職四季報』（東洋経済新報社刊），『日経会社情報』（日本経済新聞社刊）などの企業情報。この種の資料は本来“株式市場”についての資料だが，その時期の景気動向を含めた情報を仕入れることができる。

- ・経済雑誌

『ダイヤモンド』（ダイヤモンド社刊）や『東洋経済』（東洋経済新報社刊），『エコノミスト』（毎日新聞出版刊）など。

- ・OB・OG／社会人

①成長力

まず"売上高"。次に資本力の問題や利益率などの比率。いくら資本金があっても、それを上回る膨大な借金を抱えていて、いくら稼いでも利払いに追われまくるようでは、成長できないし、安定できない。

成長力を見るには自己資本率を割り出してみる。自己資本を総資本で割って100を掛けると自己資本率がパーセントで出てくる。自己資本の比率が高いほうが成長力もあり安定度も高い。

利益率は純利益を売上高で割って100を掛ける。利益率が高ければ、企業はどんどん成長するし、社員の待遇も上昇する。利益率が低いということは、仕事がどんなに忙しくても利益にはつながらないということになる。

②技術力

技術力は、短期的な見方と長期的な展望が必要になってくる。研究部門が適切な規模か、大学など企業外の研究部門との連絡があるか、先端技術の分野で開発を続けているかどうかなど。

③経営者と経営形態

会社が将来、どのような発展をするか、または衰退するかは経営者の経営哲学、経営方針によるところが大きい。社長の経歴を知ることも必要。創始者の息子、孫といった親族が社長をしているのか、サラリーマン社長か、官庁などからの天下りかということも大切なチェックポイント。

④社風

社風というのは先輩社員から後輩社員に伝えられ、教えられるもの。社風もいろいろな面から必ずチェックしよう。

⑤安定性

企業が成長しているか、安定しているかということは車の両輪。どちらか片方の回転が遅くなっても企業はバランスを失う。安定し、しかも成長する。これが企業として最も理想とするところ。

⑥待遇

初任給だけを考えてみても、それが手取りなのか、基本給なのか。基本給というのはボーナスから退職金、定期昇給の金額にまで響いてくる。また、待遇というのは給与ばかりではなく、福利厚生施設でも大きな差が出てくる。

■そのほかの会社比較の基準

1. ゆとり度

　休暇制度は，企業によって独自のものを設定しているところもある。「長期休暇制度」といったものなどの制定状況と，また実際に取得できているかどうかも調べたい。

2. 独身寮や住宅設備

　最近では，社宅は廃止し，住宅手当を多く出すという流れもある。寮や社宅についての福利厚生は調べておく。

3. オフィス環境

　会社に根づいた慣習や社員に対する考え方が，意外にオフィスの設備やレイアウトに表れている場合がある。

　たとえば，個人の専有スペースの広さや区切り方，パソコンなどOA機器の設置状況，上司と部下の机の配置など，会社によってずいぶん違うもの。玄関ロビーや受付の様子を観察するだけでも，会社ごとのカラーや特徴がどこかに見えてくる。

4. 勤務地

　転勤はイヤ，どうしても特定の地域で生活していきたい。そんな声に応えて，最近は流通業などを中心に，勤務地限定の雇用制度を取り入れる企業も増えている。

---

column　初任給では分からない本当の給与

　会社の給与水準には「初任給」「平均給与」「平均ボーナス」「モデル給与」など，判断材料となるいくつかのデータがある。これらのデータからその会社の給料の優劣を判断するのは非常に難しい。

　たとえば中小企業の中には，初任給が飛び抜けて高い会社がときどきある。しかしその後の昇給率は大きくないのがほとんど。

　一方，大手企業の初任給は業種間や企業間の差が小さく，ほとんど横並びと言っていい。そこで，「平均給与」や「平均ボーナス」などで将来の予測をするわけだが，これは一応の目安とはなるが，個人差があるので正確とは言えない。

■決定版「就職ノート」はこう作る

　1冊にすべて書き込みたいという人には，ルーズリーフ形式のノートがお勧め。会社研究，スケジュール，時事用語，OB／OG訪問，切り抜きなどの項目を作りインデックスをつける。

　カレンダー，説明会，試験などのスケジュール表を貼り，とくに会社別の説明会，面談，書類提出，試験の日程がひと目で分かる表なども作っておく。そして見開き2ページで1社を載せ，左ページに企業研究，右ページには志望理由，自己PRなどを整理する。

就職ノートの主なチェック項目

❏企業研究…資本金，業務内容，従業員数など基礎的な会社概要から，過去の採用状況，業務報告などのデータ

❏採用試験メモ…日程，条件，提出書類，採用方法，試験の傾向など

❏店舗・営業所見学メモ…流通関係，銀行などの場合は，客として訪問し，商品（値段，使用価値，ユーザーへの配慮），店員（接客態度，商品知識，熱意，親切度），店舗（ショーケース，陳列の工夫，店内の清潔さ）などの面をチェック

❏OB／OG訪問メモ…OB／OGの名前，連絡先，訪問日時，面談場所，質疑応答のポイント，印象など

❏会社訪問メモ…連絡先，人事担当者名，会社までの交通機関，最寄り駅からの地図，訪問のときに得た情報や印象，訪問にいたるまでの経過も記入

05 「OB／OG訪問」

　「OB／OG訪問」は，実際は採用予備選考開始。まず，OB／OG訪問を希望したら，大学のキャリアセンター，教授などの紹介で，志望企業に勤める先輩の手がかりをつかむ。もちろん直接電話なり手紙で，自分の意向を会社側に伝えてもいい。自分の在籍大学，学部をはっきり言って，「先輩を紹介していただけないでしょうか」と依頼しよう。

参考

OB／OG訪問時の質問リスト例

●採用について

- ・成績と面接の比重
- ・採用までのプロセス（日程）
- ・面接は何回あるか
- ・面接で質問される事項　etc.
- ・評価のポイント
- ・筆記試験の傾向と対策
- ・コネの効力はどうか

●仕事について

- ・内容（入社10年，20年のOB/OG）
- ・希望職種につけるのか
- ・残業，休日出勤，出張など
- ・新入社員の仕事
- ・やりがいはどうか
- ・同業他社と比較してどうか　etc.

●社風について

- ・社内のムード
- ・仕事のさせ方　etc.
- ・上司や同僚との関係

●待遇について

- ・給与について
- ・昇進のスピード
- ・福利厚生の状態
- ・離職率について　etc.

06 インターンシップ

インターンシップとは，学生向けに企業が用意している「就業体験」プログラム。ここで学生はさまざまな企業の実態をより深く知ることができ，その後の就職活動において自己分析，業界研究，職種選びなどに活かすことができる。また企業側にとっても有能な学生を発掘できるというメリットがあるため，導入する企業は増えている。

インターンシップ参加が採用につながっているケースもあるため，たくさん参加してみよう。

column　コネを利用するのも１つの手段？

コネを活用できるのは，以下のような場合である。

・企業と大学に何らかの「連絡」がある場合

企業の新卒採用の場合，特定校・指定校が決められていることもある。企業側が過去の実績などに基づいて決めており，大学の力が大きくものをいう。

とくに理工系では，指導教授や研究室と企業との連絡が密接な場合が多く，教授の推薦が有利であることは言うまでもない。同じ大学出身の先輩とのコネも，この部類に区分できる。

・志望企業と「関係」ある人と関係がある場合

一般的に言えば，志望企業の取り引き先関係からの紹介というのが一番多い。ただし，年間億単位の実績が必要で，しかも部長・役員以上につながっていなければコネがあるとは言えない。

・志望企業と何らかの「親しい関係」がある場合

志望企業に勤務したりアルバイトをしていたことがあるという場合。インターンシップもここに分類される。職場にも馴染みがあり人間関係もできているので，就職に際してきわめて有利。

・志望会社に関係する人と「縁故」がある場合

縁故を「血縁関係」とした場合，日本企業ではこのコネはかなり有効なところもある。ただし，血縁者が同じ会社にいるというのは不都合なことも多いので，どの企業も慎重。

07 会社説明会のチェックポイント

1. 受付の様子

受付事務がテキパキとしていて，分かりやすいかどうか。社員の態度が親切で誠意が伝わってくるかどうか。

こういった受付の様子からでも，その会社の社員教育の程度や，新入社員採用に対する熱意とか期待を推し測ることができる。

2. 控え室の様子

控え室が2カ所以上あって，国立大学と私立大学の訪問者とが，別々に案内されているようなことはないか。また，面談の順番を意図的に変えているようなことはないか。これはよくある例で，すでに大半は内定しているということを意味する場合が多い。

3. 社内の雰囲気

社員の話し方，その内容を耳にはさむだけでも，社風が伝わってくる。

4. 面談の様子

何時間も待たせたあげくに，きわめて事務的に，しかも投げやりな質問しかしないような採用担当者である場合，この会社は人事が適正に行われていないということだから，一考したほうがよい。

 説明会での質問項目

・質問内容が抽象的でなく，具体性のあるものかどうか。

・質問内容は，現在の社会・経済・政治などの情況を踏まえた，
　大学生らしい高度で専門性のあるものか。

・質問をするのはいいが，「それでは，あなたの意見はどうか」と
　逆に聞かれたとき，自分なりの見解が述べられるものであるか。

提出書類を用意する

提出する書類は6種類。①～③が大学に申請する書類，④～⑥が自分で書く書類だ。大学に申請する書類は一度に何枚も入手しておこう。

①「卒業見込証明書」
②「成績証明書」
③「健康診断書」
④「履歴書」
⑤「エントリーシート」
⑥「会社説明会アンケート」

■自分で書く書類は「自己PR」

第1次面接に進めるか否かは「自分で書く書類」の出来にかかっている。「履歴書」と「エントリーシート」は会社説明会に行く前に準備しておくもの。「会社説明会アンケート」は説明会の際に書き，その場で提出する書類だ。

01 履歴書とエントリーシートの違い

Webエントリーを受け付けている企業に資料請求をすると，資料と一緒に「エントリーシート」が送られてくるので，応募サイトのフォームやメールでエントリーシートを送付する。Webエントリーを行っていない企業には，ハガキやメールで資料請求をする必要があるが，「エントリーシート」は履歴書とは異なり，企業が設定した設問に対して回答するもの。すなわちこれが「1次試験」であり，これにパスをした人だけが会社説明会に呼ばれる。

02 記入の際の注意点

■字はていねいに

　字を書くところから，その企業に対する“本気度”は測られている。

■誤字，脱字は厳禁

　使用するのは，黒のインク。

■修正液使用は不可

■数字は算用数字

■自分の広告を作るつもりで書く

　自分はこういう人間であり，何がしたいかということを簡潔に書く。メリットになることだけで良い。自分に損になるようなことを書く必要はない。

■「やる気」を示す具体的なエピソードを

　「私はやる気があります」「私は根気があります」という抽象的な表現だけではNG。それを示すエピソードのようなものを書かなくては意味がない。

Point

自己紹介欄の項目はすべて「自己PR」。自分はこういう人間であることを印象づけ，それがさらに企業への「志望動機」につながっていくような書き方をする。

---

column　履歴書やエントリーシートは，共通でもいい？

　「履歴書」や「エントリーシート」は企業によって書き分ける。業種はもちろん，同じ業界の企業であっても求めている人材が違うからだ。各書類は提出前にコピーを取り，さらに出した企業名を忘れずに書いておくことも大切だ。

写真	スナップ写真は不可。 スーツ着用で,胸から上の物を使用する。ポイントは「清潔感」。 氏名・大学名を裏書きしておく。
日付	郵送の場合は投函する日,持参する場合は持参日の日付を記入する。
生年月日	西暦は避ける。元号を省略せずに記入する。
氏名	戸籍上の漢字を使う。印鑑押印欄があれば忘れずに押す。
住所	フリガナ欄がカタカナであればカタカナで,平仮名であれば平仮名で記載する。
学歴	最初の行の中央部に「学□□歴」と2文字程度間隔を空けて,中学校卒業から大学(卒業・卒業見込み)まで記入する。 中途退学の場合は,理由を簡潔に記載する。留年は記入する必要はない。 職歴がなければ,最終学歴の一段下の行の右隅に,「以上」と記載する。
職歴	最終学歴の一段下の行の中央部に「職□□歴」と2文字程度間隔を空け記入する。 「株式会社」や「有限会社」など,所属部門を省略しないで記入する。 「同上」や「〃」で省略しない。 最終職歴の一段下の行の右隅に,「以上」と記載する。
資格・免許	4級以下は記載しない。学習中のものも記載して良い。 「普通自動車第一種運転免許」など,省略せずに記載する。
趣味・特技	具体的に(例:読書でもジャンルや好きな作家を)記入する。
志望理由	その企業の強みや良い所を見つけ出したうえで,「自分の得意な事」がどう活かせるかなどを考えぬいたものを記入する。
自己PR	応募企業の事業内容や職種にリンクするような,自分の経験やスキルなどを記入する。
本人希望欄	面接の連絡方法,希望職種・勤務地などを記入する。「特になし」や空白はNG。
家族構成	最初に世帯主を書き,次に配偶者,それから家族を祖父母,兄弟姉妹の順に。続柄は,本人から見た間柄。兄嫁は,義姉と書く。
健康状態	「良好」が一般的。

01 エントリーシートの目的

・応募者を，決められた採用予定者数に絞り込むこと
・面接時の資料にする
の2つ。

■知りたいのは職務遂行能力

採用担当者が学生を見る場合は，「こいつは与えられた仕事をこなせるかどうか」という目で見ている。企業に必要とされているのは仕事をする能力なのだ。

> 質問に忠実に，"自分がいかにその会社の求める人材に当てはまるか"を
> 丁寧に答えること。

02 効果的なエントリーシートの書き方

■情報を伝える書き方

課題をよく理解していることを相手に伝えるような気持ちで書く。

■文章力

大切なのは全体のバランスが取れているか。書く前に，何をどれくらいの字数で収めるか計算しておく。

「起承転結」でいえば，「起」は，文章を起こす導入部分。「承」は，起を受けて，その提起した問題に対して承認を求める部分。「転」は，自説を展開する部分。もっともオリジナリティが要求される。「結」は，最後の締めの結論部分。文章の構成・まとめる力で，総合的な能力が高いことをアピールする。

エントリーシートでよく取り上げられる題材と，その出題意図

エントリーシートで求められるものは，「自己PR」「志望動機」「将来どうなりたいか（目指すこと）」の3つに大別される。

1.「自己PR」

自己分析にしたがって作成していく。重要なのは，「なぜそうしようと思ったか？」「○○をした結果，何が変わったのか？何を得たのか？」という“連続性”が分かるかどうかがポイント。

2.「志望動機」

自己PRと一貫性を保ち，業界志望理由と企業志望理由を差別化して表現するように心がける。志望する業界の強みと弱み，志望企業の強みと弱みの把握は基本。

3.「将来の展望」

どんな社員を目指すのか，仕事へはどう臨もうと思っているか，目標は何か，などが問われる。仕事内容を事前に把握しておくだけでなく，5年後の自分，10年後の自分など，具体的な将来像を描いておくことが大切。

表現力，理解力のチェックポイント

☐ 文法，語法が正しいかどうか
☐ 論旨が論理的で一貫しているかどうか
☐ 1センテンスが簡潔かどうか
☐ 表現が統一されているかどうか（「です，ます」調か「だ，である」調か）

01 個人面接

●自由面接法

　面接官と受験者のキャラクターやその場の雰囲気，質問と応答の進行具合などによって雑談形式で自由に進められる。

●標準面接法

　自由面接法とは逆に，質問内容や評価の基準などがあらかじめ決まっている。実際には自由面接法と併用で，おおまかな質問事項や判定基準，評価ポイントを決めておき，質疑応答の内容上の制限を緩和しておくスタイルが一般的。1次面接などでは標準面接法をとり，2次以降で自由面接法をとる企業も多い。

●非指示面接法

　受験者に自由に発言してもらい，面接官は話題を引き出したりするときなど，最小限の質問をするという方法。

●圧迫面接法

　わざと受験者の精神状態を緊張させ，受験者がどのような応答をするかを観察し，判定する。受験者は，冷静に対応することが肝心。

02 集団面接

　面接の方法は個人面接と大差ないが，面接官がひとつの質問をして，受験者が順にそれに答えるという方法と，面接官が司会役になって，座談会のような形式で進める方法とがある。

　座談会のようなスタイルでの面接は，なるべく受験者全員が関心をもっているような話題を取りあげ，意見を述べさせるという方法。この際，司会役以外の面接官は一言も発言せず，判定・評価に専念する。

グループディスカッション

　グループディスカッション（以下，GD）の時間は30〜60分程度，1グループの人数は5〜10人程度で，司会は面接官が行う場合や，時間を決めて学生が交替で行うことが多い。面接官は内容については特に指示することはなく，受験者がどのようにGDを進めるかを観察する。

　評価のポイントは，全体的には理解力，表現力，指導性，積極性，協調性など，個別的には性格，知識，適性などが観察される。

　GDの特色は，集団の中での個人ということで，受験者の能力がどの程度のものであるか，また，どのようなことに向いているかを判定できること。受験者は，グループの中における自分の位置を面接官に印象づけることが大切だ。

グループディスカッション方式の面接におけるチェックポイント

- ❑全体の中で適切な論点を提供できているかどうか。
- ❑問題解決に役立つ知識を持っているか，また提供できているかどうか。
- ❑もつれた議論を解きほぐし，的はずれの議論を元に引き戻す努力をしているかどうか。
- ❑グループ全体としての目標をいつも考えているかどうか。
- ❑感情的な対立や攻撃をしかけているようなことはないか。
- ❑他人の意見に耳を傾け，よい意見には賛意を表し，それを全体に推し広げようという寛大さがあるかどうか。
- ❑議論の流れを自然にリードするような主導性を持っているかどうか。
- ❑提出した意見が議論の進行に大きな影響を与えているかどうか。

04 面接時の注意点

●控え室

　控え室には，指定された時間の15分前には入室しよう。そこで担当の係から，面接に際しての注意点や手順の説明が行われるので，疑問点は積極的に聞くようにし，心おきなく面接にのぞめるようにしておこう。会社によっては，所定のカードに必要事項を書き込ませたり，お互いに自己紹介をさせたりする場合もある。また，この控え室での行動も細かくチェックして，合否の資料にしている会社もある。

●入室・面接開始

　係員がドアの開閉をしてくれる場合もあるが，それ以外は軽くノックして入室し，必ずドアを閉める。そして入口近くで軽く一礼し，面接官か補助員の「どうぞ」という指示で正面の席に進み，ここで再び一礼をする。そして，学校名と氏名を名のって静かに着席する。着席時は，軽く椅子にかけるようにする。

●面接終了と退室

　面接の終了が告げられたら，椅子から立ち上がって一礼し，椅子をもとに戻して，面接官または係員の指示を受けて退室する。

　その際も，ドアの前で面接官のほうを向いて頭を下げ，静かにドアを開閉する。控え室に戻ったら，係員の指示を受けて退社する。

05 面接試験の評定基準

●協調性

　企業という「集団」では，他人との協調性が特に重視される。

　感情や態度が円満で調和がとれていること，極端に好悪の情が激しくなく，物事の見方や考え方が穏健で中立であることなど，職場での人間関係を円滑に進めていくことのできる人物かどうかが評価される。

●話し方

　外観印象的には，言語の明瞭さや応答の態度そのものがチェックされる。小さな声で自信のない発言，乱暴野卑な発言は減点になる。

　考えをまとめたら，言葉を選んで話すくらいの余裕をもって，真剣に応答しようとする姿勢が重視される。軽率な応答をしたり，まして発言に矛盾を指摘されるような事態は極力避け，もしそのような状況になりそうなときは，自分の非を認めてはっきりと謝るような態度を示すべき。

●好感度

　実社会においては，外観による第一印象が，人間関係や取引に大きく影響を及ぼす。

　「フレッシュな爽やかさ」に加え，入社志望など，自分の意思や希望をより明確にすることで，強い信念に裏づけられた姿勢をアピールできるよう努力したい。

●判断力

何を質問されているのか，何を答えようとしているのか，常に冷静に判断していく必要がある。

●表現力

話に筋道が通り理路整然としているか，言いたいことが簡潔に言えるか，話し方に抑揚があり聞く者に感銘を与えるか，用語が適切でボキャブラリーが豊富かどうか。

●積極性

活動意欲があり，研究心旺盛であること，進んで物事に取り組み，創造的に解決しようとする意欲が感じられること，話し方にファイトや情熱が感じられること，など。

●計画性

見通しをもって順序よく合理的に仕事をする性格かどうか，またその能力の有無。企業の将来性のなかに，自分の将来をどうかみ合わせていこうとしているか，現在の自分を出発点として，何を考え，どんな仕事をしたいのか。

●安定性

情緒の安定は，社会生活に欠くことのできない要素。自分自身をよく知っているか，他の人に流されない信念をもっているか。

●誠実性

自分に対して忠実であろうとしているか，物事に対してどれだけ誠実な考え方をしているか。

●社会性

企業は集団活動なので，自分の考えに固執したり，不平不満が多い性格は向かない。柔軟で適応性があるかどうか。

清潔感や明朗さ，若々しさといった外観面も重視される。

06 面接試験の質問内容

1. 志望動機

受験先の概要や事業内容はしっかりと頭の中に入れておく。また，その企業の企業活動の社会的意義と，自分自身の志望動機との関連を明確にしておく。「安定している」「知名度がある」「将来性がある」といった利己的な動機，「自

分の性格に合っている」というような，あいまいな動機では説得力がない。安定性や将来性は，具体的にどのような企業努力によって支えられているのかという考察も必要だし，それに対する受験者自身の評価や共感なども問われる。

①どうしてその業種なのか

②どうしてその企業なのか

③どうしてその職種なのか

以上の①〜③と，自分の性格や資質，専門などとの関連性を説明できるようにしておく。

自分がどうしてその会社を選んだのか，どこに大きな魅力を感じたのかを，できるだけ具体的に，情熱をもって語ることが重要。自分の長所と仕事の適性を結びつけてアピールし，仕事のやりがいや仕事に対する興味を述べるのもよい。

■複数の企業を受験していることは言ってもいい？

同じ職種，同じ業種で何社かかけもちしている場合，正直に答えてもかまわない。しかし，「第一志望はどこですか」というような質問に対して，正直に答えるべきかどうかというと，やはりこれは疑問がある。どんな会社でも，他社を第一志望にあげられれば，やはり愉快には思わない。

また，職種や業種の異なる会社をいくつか受験する場合も同様で，極端に性格の違う会社をあげれば，その矛盾を突かれるのは必至だ。

2. 仕事に対する意識・職業観

採用試験の段階では，次年度の配属予定が具体的に固まっていない会社もかなりある。具体的に職種や部署などを細分化して募集している場合は別だが，そうでない場合は，希望職種をあまり狭く限定しないほうが賢明。どの業界においても，採用後，新入社員には，研修としてその会社の各セクションをひと通り経験させる企業は珍しくない。そのうえで，具体的な配属計画を検討するのだ。

大切なことは，就職や職業というものを，自分自身の生き方の中にどう位置づけるか，また，自分の生活の中で仕事とはどういう役割を果たすのかを考えてみること。つまり自分の能力を活かしたい，社会に貢献したい，自分の存在価値を社会的に実現してみたい，ある分野で何か自分の力を試してみたい……，などの場合を考え，それを自分自身の人生観，志望職種や業種などとの関係を考えて組み立ててみる。自分の人生観をもとに，それを自分の言葉で表現できるようにすることが大切。

3. 自己紹介・自己PR

性格そのものを簡単に変えたり，欠点を克服したりすることは実際には難しいが，"仕方がない"という姿勢を見せることは禁物で，どんなささいなことでも，努力している面をアピールする。また一般的にいって，専門職を除けば，就職時になんらかの資格や技能を要求する企業は少ない。

ただ，資格をもっていれば採用に有利とは限らないが，専門性を要する業種では考慮の対象とされるものもある。たとえば英検，簿記など。

企業が学生に要求しているのは，4年間の勉学を重ねた学生が，どのように仕事に有用であるかということで，学生の知識や学問そのものを聞くのが目的ではない。あくまで，社会人予備軍としての謙虚さと素直さを失わないようにする。

知識や学力よりも，その人の人間性，ビジネスマンとしての可能性を重視するからこそ，面接担当者は，学生生活全般について尋ねることで，書類だけでは分からない人間性を探ろうとする。

何かうち込んだものや思い出に残る経験などは，その人の人間的な成長になんらかの作用を及ぼしているものだ。どんな経験であっても，そこから受けた印象や教訓などは，明確に答えられるようにしておきたい。

4. 一般常識・時事問題

一般常識・時事問題については筆記試験の分野に属するが，面接でこうしたテーマがもち出されることも珍しくない。受験者がどれだけ社会問題に関心をもっているか，一般常識をもっているか，また物事の見方・考え方に偏りがないかなどを判定する。知識や教養だけではなく，一問一答の応答を通じて，その人の性格や適応能力まで判断されることになる。

07 面接に向けての事前準備

■面接試験1カ月前までには万全の準備をととのえる

●志望会社・職種の研究

新聞の経済欄や経済雑誌などのほか，会社年鑑，株式情報など書物による研究をしたり，インターネットにあがっている企業情報や，検索によりさまざまな角度から調べる。すでにその会社へ就職している先輩や知人に会って知識を得たり，大学のキャリアセンターへ情報を求めるなどして総合的に判断する。

■専攻科目の知識・卒論のテーマなどの整理

大学時代にどれだけ勉強してきたか，専攻科目や卒論のテーマなどを整理しておく。

■**時事問題に対する準備**

　毎日欠かさず新聞を読む。志望する企業の話題は，就職ノートに整理するなどもアリ。

面接当日の必需品

❑必要書類（履歴書，卒業見込証明書，成績証明書，健康診断書，推薦状）

❑学生証

❑就職ノート（志望企業ファイル）

❑印鑑，朱肉

❑筆記用具（万年筆，ボールペン，サインペン，シャープペンなど）

❑手帳，ノート

❑地図（訪問先までの交通機関などをチェックしておく）

❑現金（小銭も用意しておく）

❑腕時計（オーソドックスなデザインのもの）

❑ハンカチ，ティッシュペーパー

❑くし，鏡（女性は化粧品セット）

❑シューズクリーナー

❑ストッキング

❑折りたたみ傘（天気予報をチェックしておく）

❑携帯電話，充電器

■一般常識試験

> 社会人として企業活動を行ううえで最低限必要となる一般常識のほか，
> 英語，国語，社会(時事問題)，数学などの知識の程度を確認するもの。

　難易度はおおむね中学・高校の教科書レベル。一般常識の問題集を1冊やっておけばよいが，業界によっては専門分野が出題されることもあるため，必ず志望する企業のこれまでの試験内容は調べておく。

■一般常識試験の対策

・英語　慣れておくためにも，教科書を復習する，英字新聞を読むなど。

・国語　漢字，四字熟語，反対語，同音異義語，ことわざをチェック。

・時事問題　新聞や雑誌,テレビ,ネットニュースなどアンテナを張っておく。

■適性検査

　SPI（Synthetic Personality Inventory）試験（SPI3試験）とも呼ばれ，能力テストと性格テストを合わせたもの。

　能力テストでは国語能力を測る「言語問題」と，数学能力を測る「非言語問題」がある。言語的能力，知覚能力，数的能力のほか，思考・推理能力，記憶力，注意力などの問題で構成されている。

　性格テストは「はい」か「いいえ」で答えていく。仕事上の適性と性格の傾向などが一致しているかどうかをみる。

> SPIは職務への適応性を客観的にみるためのもの。

01 「論文」と「作文」

　一般に「論文」はあるテーマについて自分の意見を述べ，その論証をする文章で，必ず意見の主張とその論証という2つの部分で構成される。問題提起と論旨の展開，そして結論を書く。

　「作文」は，一般的には感想文に近いテーマ，たとえば「私の興味」「将来の夢」といったものがある。

　就職試験では「論文」と「作文」を合わせた"論作文"とでもいうようなものが出題されることが多い。

　論作文試験とは，「文章による面接」。テーマに書き手がどういう態度を持っているかを知ることが，出題の主な目的だ。受験者の知識・教養・人生観・社会観・職業観，そして将来への希望などが，どのような思考を経て，どう表現されているかによって，企業にとって，必要な人物かどうかを判断している。

　論作文の場合には，書き手の社会的意識や考え方に加え，「感銘を与える」働きが要求される。就職活動とは，企業に対し「自分をアピールすること」だということを常に念頭に置いておきたい。

Point

論文と作文の違い

	論　文	作　文
テーマ	学術的・社会的・国際的なテーマ。時事，経済問題など	個人的・主観的なテーマ。人生観，職業観など
表現	自分の意見や主張を明確に述べる。	自分の感想を述べる。
展開	四段型（起承転結）の展開が多い。	三段型（はじめに・本文・結び）の展開が多い。
文体	「だ調・である調」のスタイルが多い。	「です調・ます調」のスタイルが多い。

02 採点のポイント

・テーマ

与えられた課題（テーマ）を，受験者はどのように理解しているか。

出題されたテーマの意義をよく考え，それに対する自分の意見や感情が，十分に整理されているかどうか。

・表現力

課題について本人が感じたり，考えたりしたことを，文章で的確に表しているか。

・字・用語・その他

かなづかいや送りがなが合っているか，文中で引用されている格言やことわざの類が使用法を間違えていないか，さらに誤字・脱字に至るまで，文章の基本的な力が受験者の人柄ともからんで厳密に判定される。

・オリジナリティ

魅力がある文章とは，オリジナリティを率直に出すこと。自分の感情や意見を，自分の言葉で表現する。

・生活態度

文章は，書き手の人格や人柄を映し出す。平素の社会的関心や他人との協調性，趣味や読書傾向はどうであるかといった，受験者の日常における生き方，生活態度がみられる。

・字の上手・下手

できるだけ読みやすい字を書く努力をする。また，制限字数より文章が長くなって原稿用紙の上下や左右の空欄に書き足したりすることは避ける。消しゴムで消す場合にも，丁寧に。

いずれの場合でも，表面的な文章力を問うているのではなく，受験者の人柄のほうを重視している。

マナーチェックリスト

就活において企業の人事担当は，面接試験やOG／OB訪問，そして面接試験において，あなたのマナーや言葉遣いといった，「常識力」をチェックしている。現在の自分はどのくらい「常識力」が身についているかをチェックリストで振りかえり，何ができて，何ができていないかを明確にしたうえで，今後の取り組みに生かしていこう。

評価基準　5：大変良い　4：やや良い　3：どちらともいえない　2：やや悪い　1：悪い

	項　目	評　価	メ　モ
挨拶	明るい笑顔と声で挨拶をしているか		
	相手を見て挨拶をしているか		
	相手より先に挨拶をしているか		
	お辞儀を伴った挨拶をしているか		
	直接の応対者でなくても挨拶をしているか		
表情	笑顔で応対しているか		
	表情に私的感情がでていないか		
	話しかけやすい表情をしているか		
	相手の話は真剣な顔で聞いているか		
身だしなみ	前髪は目にかかっていないか		
	髪型は乱れていないか／長い髪はまとめているか		
	髭の剃り残しはないか／化粧は健康的か		
	服は汚れていないか／清潔に手入れされているか		
	機能的で職業・立場に相応しい服装をしているか		
	華美なアクセサリーはつけていないか		
	爪は伸びていないか		
	靴下の色は適当か／ストッキングの色は自然な肌色か		
	靴の手入れは行き届いているか		
	ポケットに物を詰めすぎていないか		

項　目		評　価	メ　モ
言葉遣い	専門用語を使わず，相手にわかる言葉で話しているか		
	状況や相手に相応しい敬語を正しく使っているか		
	相手の聞き取りやすい音量・速度で話しているか		
	語尾まで丁寧に話しているか		
	気になる言葉癖はないか		
動作	物の授受は両手で丁寧に実施しているか		
	案内・指し示し動作は適切か		
	キビキビとした動作を心がけているか		
心構え	勤務時間・指定時間の5分前には準備が完了しているか		
	心身ともに健康管理をしているか		
	仕事とプライベートの切替えができているか		

☑ 常に自己点検をするクセをつけよう

「人を表情やしぐさ，身だしなみなどの見かけで判断してはいけない」と一般にいわれている。確かに，人の個性は見かけだけではなく，内面においても見いだされるもの。しかし，私たちは人を第一印象である程度決めてしまう傾向がある。それが面接試験など初対面の場合であればなおさらだ。したがって，チェックリストにあるような挨拶，表情，身だしなみ等に注意して面接試験に臨むことはとても重要だ。ただ，これらは面接試験前にちょっと対策したからといって身につくようなものではない。付け焼き刃的な対策をして面接試験に臨んでも，面接官はあっという間に見抜いてしまう。日頃からチェックリストにあるような項目を意識しながら行動することが大事であり，そうすることで，最初はぎこちない挨拶や表情等も，その人の個性に応じたすばらしい所作へ変わっていくことができるのだ。さっそく，本日から実行してみよう。

面接試験において，印象を決定づける表情はとても大事。
どのようにすれば感じのいい表情ができるのか，ポイントを確認していこう。

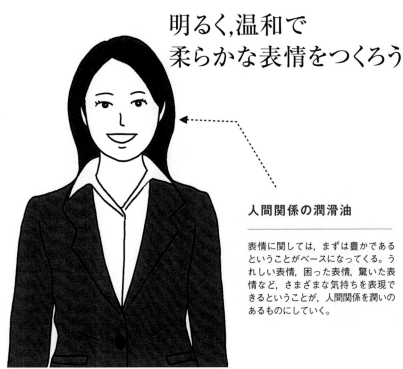

明るく,温和で
柔らかな表情をつくろう

人間関係の潤滑油

表情に関しては，まずは豊かである
ということがベースになってくる。う
れしい表情，困った表情，驚いた表
情など，さまざまな気持ちを表現で
きるということが，人間関係を潤いの
あるものにしていく。

Point

　表情はコミュニケーションの大前提。相手に「いつでも話しかけてくださ
いね」という無言の言葉を発しているのが，就活に求められる表情だ。面接
官が安心してコミュニケーションをとろうと思ってくれる表情。それが，明る
く，温和で柔らかな表情となる。

いますぐデキる
カンタンTraining

Training 01

喜怒哀楽を表してみよう

・人との出会いを楽しいと思うことが表情の基本
・表情を豊かにする大前提は相手の気持ちに寄り添うこと
・目元・口元だけでなく，眉の動きを意識することが大事

Training 02

表情筋のストレッチをしよう

・表情筋は「ウイスキー」の発音によって鍛える
・意識して毎日，取り組んでみよう
・笑顔の共有によって相手との距離が縮まっていく

コミュニケーションは挨拶から始まり，その挨拶ひとつで印象は変わるもの。
ポイントを確認していこう。

丁寧にしっかりと
はっきり挨拶をしよう

人間関係の第一歩

挨拶は心を開いて，相手に近づくコ
ミュニケーションの第一歩。たかが
挨拶，されど挨拶の重要性をわきま
えて，きちんとした挨拶をしよう。形，
つまり"技"も大事だが，心をこめ
ることが最も重要だ。

Point

　挨拶はコミュニケーションの第一歩。相手が挨拶するのを待っているの
は望ましくない。挨拶の際のポイントは丁寧であることと，はっきり声に出
すことの2つ。丁寧な挨拶は，相手を大事にして迎えている気持ちの表れ
となる。はっきり声に出すことで，これもきちんと相手を迎えていることが
伝わる。また，相手もその応答として挨拶してくれることで，会ってすぐに
双方向のコミュニケーションが成立する。

いますぐデキる
カンタンTraining

Training 01

３つのお辞儀をマスターしよう

① 会釈（15度） ② 敬礼（30度） ③ 最敬礼（45度）

- 息を吸うことを意識してお辞儀をするとキレイな姿勢に
- 目線は真下ではなく，床前方1.5m先ぐらいを見よう
- 相手への敬意を忘れずに

Training 02

対面時は言葉が先，お辞儀が後

- 相手に体を向けて先に自ら挨拶をする
- 挨拶時，相手とアイコンタクトを
  しっかり取ろう
- 挨拶の後に，お辞儀をする。
  これを「語先後礼」という

コミュニケーションは「話す」よりも「聞く」ことといわれる。相手が話しやすい聞き方の，ポイントを確認しよう。

受容の立場で
傾聴しよう

相手の話を受けとめる

話を聞くときは，やや前に傾く姿勢をとる。表情と姿勢が合わさることにより，話し手の心が開き「あれも，これも話そう」という気持ちになっていく。また，「はい」と一度のお辞儀で頷くと相手の話を受け止めているというメッセージにつながる。

Point

　話をすること，話を聞いてもらうことは誰にとってもプレッシャーを伴うもの。そのため，「何でも話して良いんですよ」「何でも話を聞きますよ」「心配しなくて良いんですよ」という気持ちで聞くことが大切になる。その気持ちが聞く姿勢に表れれば，相手は安心して話してくれる。

いますぐデキる
カンタンTraining

Training **01**

頷きは一度で

・相手が話した後に「はい」と
　一言発する
・頷きすぎは逆効果

Training **02**

目線は自然に

・鼻の付け根あたりを見ると
　自然な印象に
・目を見つめすぎるのはNG

Training **03**

話の句読点で視線を移す

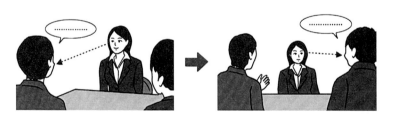

・視線は話している人を見ることが基本
・複数の人の話を聞くときは句読点を意識し，
　視線を振り分けることで聞く姿勢を表す

自分の意思を相手に明確に伝えるためには，話し方が重要となる。はっきりと的確に話すためのポイントを確認しよう。

明るい発声を
心がけよう

ボリュームを意識して

話すときのポイントとしては，ボリュームを意識することが挙げられる。会議室の一番奥にいる人に声が届くように意識することで，声のボリュームはコントロールされていく。

Point

コミュニケーションとは「伝達」すること。どのようなことも，適当に伝えるのではなく，伝えるべきことがきちんと相手に届くことが大切になる。そのためには，はっきりと，分かりやすく，丁寧に，心を込めて話すこと。言葉だけでなく，表情やジェスチャーを加えることも有効。

カンタンTraining

Training 01

腹式呼吸で発声練習

- ・「あえいうえおあお」と発声する
- ・腹式呼吸は，胸部をなるべく動かさずに，息を吸うときにお腹や腰が膨らむよう意識する呼吸法

Training 02

早口言葉にチャレンジ

おあやや
母親に
お謝り

- ・「おあやや，母親に，お謝り」と早口で
- ・口がすぼまった「お」と口が開いた「あ」の発音に，変化をつけられるかがポイント

Training 03

ジェスチャーを有効活用

- ・腰より上でジェスチャーをする
- ・体から離した位置に手をもっていく
- ・ジェスチャーをしたら戻すところをさだめておく

身だしなみはその人自身を表すもの。身だしなみの基本について，ポイントを
確認しよう。

清潔感，さわやかさを醸し出せるようにしよう

プロの企業人にふさわしい身だしなみを

信頼感，安心感をもたれる身だしなみを考えよう。TPOに合わせた服装は，すなわち"礼"を表している。そして，身だしなみには，「清潔感」，「品のよさ」，「控え目である」という，3つのポイントがある。

Point

相手との心理的な距離や物理的な距離が遠ければ，コミュニケーションは
成立しにくくなる。見た目が不潔では誰も近付いてこない。身だしなみが
清潔であること，爽やかであることは相手との距離を縮めることにも繋がる。

カンタンTraining

Training **01**

髪型，服装を整えよう

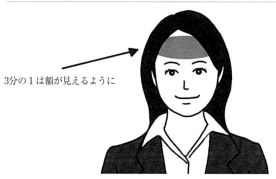

3分の1は額が見えるように

- 男性も女性も眉が見える髪型が望ましい。3分の1は額が見えるように。額は知性と清潔感を伝える場所。男性の髪の長さは耳や襟にかからないように
- スーツで相手の前に立つときは，ボタンはすべて留める。男性の場合は下のボタンは外す

Training **02**

おしゃれとの違いを明確に

- 爪はできるだけ切りそろえる
- 爪の中の汚れにも注意
- ジェルネイル，ネイルアートはNG

Training **03**

足元にも気を配って

- 女性の場合はパンプス，男性の場合は黒の紐靴が望ましい
- 靴はこまめに汚れを落とし見栄えよく

姿勢にはその人の意欲が反映される。前向き，活動的な姿勢を表すにはどうしたらよいか，ポイントを確認しよう。

前向き,活動的な姿勢を維持しよう

一直線と左右対称

正しい立ち姿として，耳，肩，腰，くるぶしを結んだ線が一直線に並んでいることが最大のポイントになる。そのラインが直線に近づくほど立ち姿がキレイに整っていることになる。また，"左右対称"というのもキレイな姿勢の要素のひとつになる。

Point

　姿勢は，身体と心の状態を反映するもの。そのため，良い姿勢でいることは，印象が清々しいだけでなく，健康で元気そうに見え，話しかけやすさにも繋がる。歩く姿勢，立つ姿勢，座る姿勢など，どの場面にも心身の健康状態が表れるもの。日頃から心身の健康状態に気を配り，フィジカルとメンタル両面の自己管理を心がけよう。

いますぐデキる
カンタンTraining

Training 01

キレイな歩き方を心がけよう

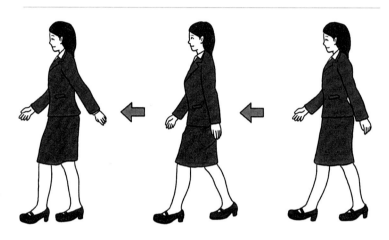

- ・女性は1本の線上を，男性はそれよりも太い線上を沿うように歩く
- ・一歩踏み出したときに前の足に体重を乗せるように，腰から動く
- ・12時の方向につま先をもっていく

Training 02

前向きな気持ちを持とう

- ・常に前向きな気持ちが姿勢を正す
- ・ポジティブ思考を心がけよう

言葉遣いの正しさはとは，場面にあった言葉を遣うということ。相手を気づかいながら，言葉を選ぶことで，より正しい言葉に近づいていく。

相手と場面に合わせた
ふさわしい言葉遣いを

次の文は接客の場面でよくある間違えやすい敬語です。
それぞれの言い方は○×どちらでしょうか。

問1 「資料をご拝読いただきありがとうございます」

問2 「こちらのパンフレットはもういただかれましたか？」

問3 「恐れ入りますが，こちらの用紙にご記入してください」

問4 「申し訳ございませんが，来週，休ませていただきます」

問5 「先ほどの件，帰りましたら上司にご報告いたしますので」

Point

　ビジネスのシーンに敬語は欠くことができない。何度もやり取りをしていく中で，親しさの度合いによっては，あえてくだけた表現を用いることもあるが，「親しき仲にも礼儀あり」と言われるように，敬意や心づかいをおろそかにしてはいけないもの。相手に誤解されたり，相手の気分を壊すことのないように，相手や場面にふさわしい言葉遣いが大切になる。

問1 （×） ○正しい言い換え例

→「ご覧いただきありがとうございます」など

「拝読」は自分が「読む」意味の謙譲語なので，相手の行為に使うのは誤り。読むと見るは同義なため，多く，見るの尊敬語「ご覧になる」が用いられる。

問2 （×） ○正しい言い換え例

→「お持ちですか」「お渡ししましたでしょうか」 など

「いただく」は，食べる・飲む・もらうの謙譲語。「もらったかどうか」と聞きたいのだから，「おもらいになりましたか」と言えないこともないが，持っているかどうか，受け取ったかどうかという意味で「お持ちですか」などが使われることが多い。また，自分側が渡すような場合は，「お渡しする」を使って「お渡ししましたでしょうか」などの言い方に換えることもできる。

問3 （×） ○正しい言い換え例

→「恐れ入りますが，こちらの用紙にご記入ください」など

「ご記入する」の「お（ご）～する」は謙譲語の形。相手の行為を謙譲語で表すことになるため誤り。「して」を取り除いて「ご記入ください」か，和語に言い換えて「お書きください」とする。ほかにも「お書き／ご記入・いただけますでしょうか・願います」などの表現もある。

問4 （△）

有給休暇を取る場合や，弔事等で休むような場面で，用いられることも多い。「休ませていただく」ということで一見丁寧に響くが，「来週休むと自分で休みを決めている」という勝手な表現にも受け取られかねない言葉だ。ここは同じ「させていただく」を用いても，相手の都合をうかがう言い方に換えて「○○がございまして，申し訳ございませんが，休みをいただいてもよろしいでしょうか」などの言い換えが好ましい。

問5 （×） ○正しい言い換え例

→「上司に報告いたします」

「ご報告いたします」は，ソトの人との会話で使うとするならば誤り。「ご報告いたします」の「お・ご～いたす」は，「お・ご～する」と「～いたす」という2つの敬語を含む言葉。そのうちの「お・ご～する」は，主語である自分を低めて相手＝上司を高める働きをもつ表現（謙譲語Ⅰ）。一方「～いたす」は，主語の私を低めて，話の聞き手に対して丁重に述べる働きをもつ表現（謙譲語Ⅱ　丁重語）。「お・ご～する」も「～いたす」も同じ謙譲語であるため紛らわしいが，主語を低める（謙譲）という働きは同じでも，行為の相手を高める働きがあるかないかという点に違いがあるといえる。

敬語は正しく使用することで，相手の印象を大きく変えることができる。尊敬語，謙譲語の区別をはっきりつけて，誤った用法で話すことのないように気をつけよう。

言葉の使い方が
マナーを表す!

■よく使われる尊敬語の形　「言う・話す・説明する」の例

専用の尊敬語型	おっしゃる
～れる・～られる型	言われる・話される・説明される
お（ご）～になる型	お話しになる・ご説明になる
お（ご）～なさる型	お話しなさる・ご説明なさる

■よく使われる謙譲語の形　「言う・話す・説明する」の例

専用の謙譲語型	申す・申し上げる
お（ご）～する型	お話しする・ご説明する
お（ご）～いたす型	お話しいたします・ご説明いたします

Point

　同じ尊敬語・謙譲語でも，よく使われる代表的な形がある。ここではその一例をあげてみた。敬語の使い方に迷ったときなどは，まずはこの形を思い出すことで，大抵の語はこの型にはめ込むことができる。同じ言葉を用いたほうがよりわかりやすいといえるので，同義に使われる「言う・話す・説明する」を例に考えてみよう。
　ほかにも「お話しくださる」や「お話しいただく」「お元気でいらっしゃる」などの形もあるが，まずは表の中の形を見直そう。

■よく使う動詞の尊敬語・謙譲語

なお，尊敬語の中の「言われる」などの「れる・られる」を付けた形は省力している。

基本	尊敬語（相手側）	謙譲語（自分側）
会う	お会いになる	お目にかかる・お会いする
言う	おっしゃる	申し上げる・申す
行く・来る	いらっしゃる おいでになる お見えになる お越しになる お出かけになる	伺う・参る お伺いする・参上する
いる	いらっしゃる・おいでになる	おる
思う	お思いになる	存じる
借りる	お借りになる	拝借する・お借りする
聞く	お聞きになる	拝聴する 拝聞する お伺いする・伺う お聞きする
知る	ご存じ（知っているという意で）	存じ上げる・存じる
する	なさる	いたす
食べる・飲む	召し上がる・お召し上がりになる お飲みになる	いただく・頂戴する
見る	ご覧になる	拝見する
読む	お読みになる	拝読する

「お伺いする」「お召し上がりになる」などは，「伺う」「召し上がる」自体が敬語なので
「二重敬語」ですが，慣習として定着しており間違いではないもの。

―Point―

　上記の「敬語表」は，よく使うと思われる動詞をそれぞれ尊敬語・謙譲語
で表したもの。このように大体の言葉は型にあてはめることができる。言
葉の中には「お（ご）」が付かないものもあるが，その場合でも「〜なさる」
を使って，「スピーチなさる」や「運営なさる」などと言うことができる。ま
た，表では，「言う」の尊敬語「言われる」の例は省いているが，れる・ら
れる型の「言われる」よりも「おっしゃる」「お話しになる」「お話しなさる」
などの言い方のほうが，より敬意も高く，言葉としても何となく響きが落ち
着くといった印象を受けるものとなる。

会話は相手があってのこと。いかなる場合でも，相手に対する心くばりを忘れないことが，会話をスムーズに進めるためのコツになる。

心くばりを添えるひと言で
言葉の印象が変わる!

　相手に何かを頼んだり，また相手の依頼を断ったり，相手の抗議に対して反論したりする場面では，いきなり自分の意見や用件を切り出すのではなく，場面に合わせて心くばりを伝えるひと言を添えてから本題に移ると，響きがやわらかくなり，こちらの意向も伝えやすくなる。俗にこれは「クッション言葉」と呼ばれている。(右表参照)

Point

　ビジネスの場面で，相手と話したり手紙やメールを送る際には，何か依頼事があってという場合が多いもの。その場合に「ちょっとお願いなんですが…」では，ふだんの会話と変わりがないものになってしまう。そこを「突然のお願いで恐れ入りますが」「急にご無理を申しまして」「こちらの勝手で恐縮に存じますが」「折り入ってお願いしたいことがございまして」などの一言を添えることで，直接的なきつい感じが和らぐだけでなく，「申し訳ないのだけれど，もしもそうしていただくことができればありがたい」という，相手への配慮や願いの気持ちがより強まる。このような前置きの言葉もうまく用いて，言葉に心くばりを添えよう。

相手の意向を尋ねる場合	「よろしければ」「お差し支えなければ」
	「ご都合がよろしければ」「もしお時間がありましたら」
	「もしお嫌いでなければ」「ご興味がおありでしたら」
相手に面倒を かけてしまうような場合	「お手数をおかけしますが」
	「ご面倒をおかけしますが」
	「お手を煩わせまして恐縮ですが」
	「お忙しい時に申し訳ございませんが」
	「お時間を割いていただき申し訳ありませんが」
	「貴重なお時間を頂戴し恐縮ですが」
自分の都合を 述べるような場合	「こちらの勝手で恐縮ですが」
	「こちらの都合（ばかり）で申し訳ないのですが」
	「私どもの都合ばかりを申しまして，まことに申し訳なく存じますが」
	「ご無理を申し上げまして恐縮ですが」
急な話をもちかけた場合	「突然のお願いで恐れ入りますが」
	「急にご無理を申しまして」
	「もっと早くにご相談申し上げるべきところでございましたが」
	「差し迫ってのことでまことに申し訳ございませんが」
何度もお願いする場合	「たびたびお手数をおかけしまして恐縮に存じますが」
	「重ね重ね恐縮に存じますが」
	「何度もお手を煩わせまして申し訳ございませんが」
	「ご面倒をおかけしてばかりで，まことに申し訳ございませんが」
難しいお願いをする場合	「ご無理を承知でお願いしたいのですが」
	「たいへん申し上げにくいのですが」
	「折り入ってお願いしたいことがございまして」
あまり親しくない相手に お願いする場合	「ぶしつけなお願いで恐縮ですが」
	「ぶしつけながら」
	「まことに厚かましいお願いでございますが」
相手の提案・誘いを断る場合	「申し訳ございませんが」
	「（まことに）残念ながら」
	「せっかくのご依頼ではございますが」
	「たいへん恐縮ですが」
	「身に余るお言葉ですが」
	「まことに失礼とは存じますが」
	「たいへん心苦しいのですが」
	「お引き受けしたいのはやまやまですが」
問い合わせの場合	「つかぬことをうかがいますが」
	「突然のお尋ねで恐縮ですが」

ここでは文章の書き方における，一般的な敬称について言及している。はがき，手紙，メール等，通信手段はさまざま。それぞれの特性をふまえて有効活用しよう。

相手の気持ちになって
見やすく美しく書こう

■敬称のいろいろ

敬称	使う場面	例
様	職名・役職のない個人	（例）飯田知子様／ご担当者様／経理部長　佐藤一夫様
殿	職名・組織名・役職のある個人（公用文など）	（例）人事部長殿／教育委員会殿／田中四郎殿
先生	職名・役職のない個人	（例）松井裕子先生
御中	企業・団体・官公庁などの組織	（例）○○株式会社御中
各位	複数あてに同一文書を出すとき	（例）お客様各位／会員各位

Point

　封筒・はがきの表書き・裏書きは縦書きが基本だが，洋封筒で親しい人にあてる場合は，横書きでも問題ない。いずれにせよ，定まった位置に，丁寧な文字でバランス良く，正確に記すことが大切。特に相手の住所や名前を乱雑な文字で書くのは，配達の際の間違いを引き起こすだけでなく，受け取る側に不快な思いをさせる。相手の気持ちになって，見やすく美しく書くよう心がけよう。

■各通信手段の長所と短所

	長所	短所	用途
封書	・封を開けなければ本人以外の目に触れることがない。 ・丁寧な印象を受ける。	・多量の資料・画像送付には不向き。 ・相手に届くまで時間がかかる。	・儀礼的な文書(礼状・わび状など) ・目上の人あての文書 ・重要な書類 ・他人に内容を読まれたくない文書
はがき・カード	・封書よりも気軽にやり取りできる。 ・年賀状や季節の便り,旅先からの連絡など絵はがきとしても楽しむことができる。	・封に入っていないため,第三者の目に触れることがある。 ・中身が見えるので,改まった礼状やわび状,こみ入った内容には不向き。 ・相手に届くまで時間がかかる。	・通知状　　　・案内状 ・送り状　　　・旅先からの便り ・各種お祝い　・お礼 ・季節の挨拶
FAX	・手書きの図やイラストを文章といっしょに送れる。 ・すぐに届く。 ・控えが手元に残る。	・多量の資料の送付には不向き。 ・事務的な用途で使われることが多く,改まった内容の文書,初対面の人へは不向き。	・地図,イラストの入った文書 ・印刷物（本・雑誌など）
電話	・急ぎの連絡に便利。 ・相手の反応をすぐに確認できる。 ・直接声が聞けるので,安心感がある。	・連絡できる時間帯が制限される。 ・長々としたこみ入った内容は伝えづらい。	・緊急の用件 ・確実に用件を伝えたいとき
メール	・瞬時に届く。　　・控えが残る。 ・コストが安い。 ・大容量の資料や画像をデータで送ることができる。 ・一度に大勢の人に送ることができる。 ・相手の居場所や状況を気にせず送れる。	・事務的な印象を与えるので,改まった礼状やわび状には不向き。 ・パソコンや携帯電話を持っていない人には送れない。 ・ウィルスなどへの対応が必要。	・データで送りたいとき ・ビジネス上の連絡

　はがきは手軽で便利だが,おわびやお願い,格式を重んじる手紙には不向きとなる。この種の手紙は内容もこみ入ったものとなり,加えて丁寧な文章で書かなければならないので,数行で済むことはまず考えられない。また,封筒に入っていないため,他人の目に触れるという難点もある。このように,はがきにも長所と短所があるため,使う場面や相手によって,他の通信手段と使い分けることが必要となる。

　はがき以外にも,封書・電話・FAX・メールなど,現代ではさまざまな通信手段がある。上に示したように,それぞれ長所と短所があるので,特徴を知って用途によって上手に使い分けよう。

社会人のマナーとして，電話応対のスキルは必要不可欠。まずは失礼なく電話に出ることからはじめよう。積極性が重要だ。

相手の顔が見えない分
対応には細心の注意を

■電話をかける場合

①　○○先生に電話をする

×「私，□□社の××と言いますが，○○様はおられますでしょうか？」

○「××と申しますが，○○様はいらっしゃいますか？」

「おられますか」は「おる」を謙譲語として使うため，通常は相手がいるかどうかに関しては，「いらっしゃる」を使うのが一般的。

②　相手の状況を確かめる

×「こんにちは，××です，先日のですね…」

○「××です，先日は有り難うございました，今お時間よろしいでしょうか？」

相手が忙しくないかどうか，状況を聞いてから話を始めるのがマナー。また，やむを得ず夜間や早朝，休日などに電話をかける際は，「夜分（朝早く）に申し訳ございません」「お休みのところ恐れ入ります」などのお詫びの言葉もひと言添えて話す。

③　相手が不在，何時ごろ戻るかを聞く場合

×「戻りは何時ごろですか？」

○「何時ごろお戻りになりますでしょうか？」

「戻り」はそのままの言い方，相手にはきちんと尊敬語を使う。

④　また自分からかけることを伝える

×「そうですか，ではまたかけますので」

○「それではまた後ほど（改めて）お電話させていただきます」

戻る時間がわかる場合は，「またお戻りになりましたころにでも」「また午後にでも」などの表現もできる。

■電話を受ける場合

① 電話を取ったら

× 「はい，もしもし，○○（社名）ですが」

○ 「はい，○○（社名）でございます」

② 相手の名前を聞いて

× 「どうも，どうも」

○ 「いつもお世話になっております」

あいさつ言葉として定着している決まり文句ではあるが，日頃のお付き合いがあってこそ。あいさつ言葉もきちんと述べよう。「お世話様」という言葉も時折耳にするが，敬意が軽い言い方となる。適切な言葉を使い分けよう。

③ 相手が名乗らない

× 「どなたですか？」「どちらさまですか？」

○ 「失礼ですが，お名前をうかがってもよろしいでしょうか？」

名乗るのが基本だが，尋ねる態度も失礼にならないように適切な応対を心がけよう。

④ 電話番号や住所を教えてほしいと言われた場合

× 「はい，いいでしょうか？」　　× 「メモのご用意は？」

○ 「はい，申し上げます，よろしいでしょうか？」

「メモのご用意は？」は，一見親切なようにも聞こえるが，尋ねる相手も用意していることがほとんど。押し付けがましくならない程度に。

⑤ 上司への取次を頼まれた場合

× 「はい，今代わります」　　× 「○○部長ですね，お待ちください」

○ 「部長の○○でございますね，ただいま代わりますので，少々お待ちくださいませ」

○○部長という表現は，相手側の言い方となる。自分側を述べる場合は，「部長の○○」「○○」が適切。

Point

自分から電話をかける場合は，まずは自分の会社名や氏名を名乗るのがマナー。たとえ目的の相手が直接出た場合でも，電話では相手の様子が見えないことがほとんど。自分の勝手な判断で話し始めるのではなく，相手の都合を伺い，そのうえで話を始めるのが社会人として必要な気配りとなる。

デキるオトナをアピール
時候の挨拶

月	漢語調の表現 候，みぎりなどを付けて用いられます	口語調の表現
1月 (睦月)	初春・新春　頌春・小寒・大寒・厳寒	皆様におかれましては，よき初春をお迎えのことと存じます／厳しい寒さが続いております／珍しく暖かな寒の入りとなりました／大寒という言葉通りの厳しい寒さでございます
2月 (如月)	春寒・余寒・残寒・立春・梅花・向春	立春とは名ばかりの寒さ厳しい毎日でございます／梅の花もちらほらとふくらみ始め，春の訪れを感じる今日この頃です／春の訪れが待ち遠しいのごろでございます
3月 (弥生)	早春・浅春・春寒・春分・春暖	寒さもようやくゆるみ，日ましに春めいてまいりました／ひと雨ごとに春めいてまいりました／日増しに暖かさが加わってまいりました
4月 (卯月)	春暖・陽春・桜花・桜花爛漫	桜花爛漫の季節を迎えました／春光うららかな好季節となりました／花冷えとでも申しましょうか，何だか肌寒い日が続いております
5月 (皐月)	新緑・薫風・惜春・晩春・立夏・若葉	風薫るさわやかな季節を迎えました／木々の緑が目にまぶしいようでございます／目に青葉，山ほととぎす，初鰹の句も思い出される季節となりました
6月 (水無月)	梅雨・向暑・初夏・薄暑・麦秋	初夏の風もさわやかな毎日でございます／梅雨前線が近づいてまいりました／梅雨の晴れ間にのぞく青空は，まさに夏を思わせるようです
7月 (文月)	盛夏・大暑・炎暑・酷暑・猛暑	梅雨が明けたとたん，うだるような暑さが続いております／長い梅雨も明け，いよいよ本格的な夏がやってまいりました／風鈴の音がわずかに涼を運んでくれているようです
8月 (葉月)	残暑・晩夏・処暑・秋暑	立秋とはほんとうに名ばかりの厳しい暑さの毎日です／残暑たえがたい毎日でございます／朝夕はいくらかしのぎやすくなってまいりました
9月 (長月)	初秋・新秋・爽秋・新涼・清涼	九月に入りましてもなお，日差しの強い毎日です／暑さもやっとおとろえはじめたようでございます／残暑も去り，ずいぶんとしのぎやすくなってまいりました
10月 (神無月)	清秋・錦秋・秋涼・秋冷・寒露	秋風もさわやかな過ごしやすい季節となりました／街路樹の葉も日ごとに色を増しております／紅葉の便りの聞かれるころとなりました／秋深く，日増しに冷気も加わってまいりました
11月 (霜月)	晩秋・暮秋・霜降・初霜・向寒	立冬を迎え，まさに冬到来を感じる寒さです／木枯らしの季節になりました／日ごとに冷気が増すようでございます／朝夕はひときわ冷え込むようになりました
12月 (師走)	寒冷・初冬・師走・歳晩	師走を迎え，何かと慌ただしい日々をお過ごしのことと存じます／年の瀬も押しつまり，何かとお忙しくお過ごしのことと存じます／今年も残すところわずかとなりました，お忙しい毎日とお察しいたします

シチュエーション別会話例

シチュエーション1　　取引先との会話

「非常に素晴らしいお話で感心しました」→NG！

　「感心する」は相手の立派な行為や，優れた技量などに心を動かされるという意味。意味としては間違いではないが，目上の人に用いると，偉そうに聞こえかねない表現。「感動しました」などに言い換えるほうが好ましい。

シチュエーション2　　子どもとの会話

「お母さんは，明日はいますか？」→NG！

　たとえ子どもとの会話でも，子どもの年齢によっては，ある程度の敬語を使うほうが好ましい。「明日はいらっしゃいますか」では，むずかしすぎると感じるならば，「お出かけですか」などと表現することもできる。

シチュエーション3　　同僚との会話

「今，お暇ですか」→NG？

　同じ立場同士なので，暇に「お」が付いた形で「お暇」ぐらいでも構わないともいえるが，「暇」というのは，するべきことも何もない時間という意味。そのため「お暇ですか」では，あまりにも直接的になってしまう。その意味では「手が空いている」→「空いていらっしゃる」→「お手透き」などに言い換えることで，やわらかく敬意も含んだ表現になる。

シチュエーション4　　上司との会話

「なるほどですね」→NG！

　「なるほど」とは，相手の言葉を受けて，自分も同意見であることを表すため，相手の言葉・意見を自分が評価するというニュアンスも含まれている。そのため自分が評価して述べているという偉そうな表現にもなりかねない。同じ同意ならば，頷き「おっしゃる通りです」などの言葉のほうが誤解なく伝わる。

就活スケジュールシート

■年間スケジュールシート

1月	2月	3月	4月	5月	6月
企業関連スケジュール					
自己の行動計画					

就職活動をすすめるうえで，当然重要になってくるのは，自己のスケジュール管理だ。企業の選考スケジュールを把握することも大切だが，自分のペースで進めることになる自己分析や業界・企業研究，面接試験のトレーニング等の計画を立てることも忘れてはいけない。スケジュールシートに「記入」する作業を通して，短期・長期の両方の面から就職試験を考えるきっかけにしよう。

7月	8月	9月	10月	11月	12月
企業関連スケジュール					
自己の行動計画					

第4章

SPI対策

ほとんどの企業では，基本的な資質や能力を見極めるため適性検査を実施しており，現在最も使われているのがリクルートが開発した「SPI」である。

テストの内容は，「言語能力」「非言語能力」「性格」の3つに分かれている。その人がどんな人物で，どんな仕事で力を発揮しやすいのか，また，どんな組織になじみやすいかなどを把握するために行われる。

この章では，SPIの「言語能力」及び「非言語能力」の分野で，頻出内容を絞って，演習問題を構成している。演習問題に複数回チャレンジし，解説をしっかりと熟読して，学習効果を高めよう。

SPI 対策

●SPIとは

　SPIは，Synthetic Personality Inventoryの略称で，株式会社リクルートが開発・販売を行っている就職採用向けのテストである。昭和49年から提供が始まり，平成14年と平成25年の2回改訂が行われ，現在はSPI3が最新になる。

　SPIは，応募者の仕事に対する適性，職業の適性能力，興味や関心を見極めるのに適しており，現在の就職採用テストでは主流となっている。

　SPIは，「知的能力検査」と「性格検査」の2領域にわけて測定され，知的能力検査は「言語能力検査（国語）」と「非言語能力検査（数学）」に分かれている。オプション検査として，「英語（ENG）検査」を実施することもある。性格適性検査では，性格を細かく分析するために，非常に多くの質問が出される。SPIの性格適性検査では，正式な回答はなく，全ての質問に正直に答えることが重要である。

　本章では，その中から，「言語能力検査」と「非言語能力検査」に絞って収録している。

●SPIを利用する企業の目的

　①：志望者から人数を絞る

　一部上場企業にもなると，数万単位の希望者が応募してくる。基本的な資質能力や会社への適性能力を見極めるため，SPIを使って，人数の絞り込みを行う。

　②：知的能力を見極める

　SPIは，応募者1人1人の基本的な知的能力を比較することができ，それによって，受検者の相対的な知的能力を見極めることが可能になる。

　③：性格をチェックする

　その職種に対する適性があるが，300程度の簡単な質問によって発想力やパーソナリティを見ていく。性格検査なので，正解というものはなく，正直に回答していくことが重要である。

●SPIの受検形式

　SPIは，企業の会社説明会や会場で実施される「ペーパーテスト形式」と，パソコンを使った「テストセンター形式」とがある。

　近年，ペーパーテスト形式は減少しており，ほとんどの企業が，パソコンを使ったテストセンター形式を採用している。志望する企業がどのようなテストを採用しているか，早めに確認し，対策を立てておくこと。

●SPIの出題形式

　SPIは，言語分野，非言語分野，英語（ENG），性格適性検査に出題形式が分かれている。

科目	出題範囲・内容
言語分野	二語の関係，語句の意味，語句の用法，文の並び換え，空欄補充，熟語の成り立ち，文節の並び換え，長文読解　等
非言語分野	推論，場合の数，確率，集合，損益算，速度算，表の読み取り，資料の読み取り，長文読み取り　等
英語（ENG）	同意語，反意語，空欄補充，英英辞書，誤文訂正，和文英訳，長文読解　等
性格適性検査	質問：300問程度　　時間：約35分

●受検対策

　本章では，出題が予想される問題を厳選して収録している。問題と解答だけではなく，詳細な解説も収録しているので，分からないところは複数回問題を解いてみよう。

言語分野

同音異義語

●あいせき
哀惜　死を悲しみ惜しむこと
愛惜　惜しみ大切にすること

●いぎ
意義　意味・内容・価値
異議　他人と違う意見
威儀　いかめしい挙動
異義　異なった意味

●いし
意志　何かをする積極的な気持ち
意思　しようとする思い・考え

●いどう
異同　異なり・違い・差
移動　場所を移ること
異動　地位・勤務の変更

●かいこ
懐古　昔を懐かしく思うこと
回顧　過去を振り返ること
解雇　仕事を辞めさせること

●かいてい
改訂　内容を改め直すこと
改定　改めて定めること

●かんしん
関心　気にかかること
感心　心に強く感じること
歓心　嬉しいと思う心

寒心　肝を冷やすこと

●きてい
規定　規則・定め
規程　官公庁などの規則

●けんとう
見当　だいたいの推測・判断・
　　　めあて
検討　調べ究めること

●こうてい
工程　作業の順序
行程　距離・みちのり

●じき
直　　すぐに
時期　時・折り・季節
時季　季節・時節
時機　適切な機会

●しゅし
趣旨　趣意・理由・目的
主旨　中心的な意味

●たいけい
体型　人の体格
体形　人や動物の形態
体系　ある原理に基づき個々のも
　　　のを統一したもの
大系　系統立ててまとめた叢書

●たいしょう

対象　行為や活動が向けられる相
　　　手
対称　対応する位置にあること
対照　他のものと照らし合わせる
　　　こと
●たんせい
端正　人の行状が正しくきちんと
　　　しているさま
端整　人の容姿が整っているさま
●はんざつ
繁雑　ごたごたと込み入ること

煩雑　煩わしく込み入ること
●ほしょう
保障　保護して守ること
保証　確かだと請け合うこと
補償　損害を補い償うこと
●むち
無知　知識・学問がないこと
無恥　恥を知らないこと
●ようけん
要件　必要なこと
用件　なすべき仕事

同訓漢字

●あう
合う…好みに合う。答えが合う。
会う…客人と会う。立ち会う。
遭う…事故に遭う。盗難に遭う。
●あげる
上げる…プレゼントを上げる。効
　　　　果を上げる。
挙げる…手を挙げる。全力を挙げ
　　　　る。
揚げる…凧を揚げる。てんぷらを
　　　　揚げる。
●あつい
暑い…夏は暑い。暑い部屋。
熱い…熱いお湯。熱い視線を送る。
厚い…厚い紙。面の皮が厚い。
篤い…志の篤い人。篤い信仰。
●うつす
写す…写真を写す。文章を写す。
映す…映画をスクリーンに映す。
　　　鏡に姿を映す。

●おかす
冒す…危険を冒す。病に冒された
　　　人。
犯す…犯罪を犯す。法律を犯す。
侵す…領空を侵す。プライバシー
　　　を侵す。
●おさめる
治める…領地を治める。水を治め
　　　　る。
収める…利益を収める。争いを収
　　　　める。
修める…学問を修める。身を修め
　　　　る。
納める…税金を納める。品物を納
　　　　める。
●かえる
変える…世界を変える。性格を変
　　　　える。
代える…役割を代える。背に腹は
　　　　代えられぬ。

替える…円をドルに替える。服を
　　　替える。

●きく
聞く…うわさ話を聞く。明日の天
　　　気を聞く。
聴く…音楽を聴く。講義を聴く。

●しめる
閉める…門を閉める。ドアを閉め
　　　　る。
締める…ネクタイを締める。気を
　　　　引き締める。
絞める…首を絞める。絞め技をか
　　　　ける。

●すすめる
進める…足を進める。話を進める。
勧める…縁談を勧める。加入を勧
　　　　める。
薦める…生徒会長に薦める。

●つく
付く…傷が付いた眼鏡。気が付く。
着く…待ち合わせ場所の公園に着
　　　く。地に足が着く。

就く…仕事に就く。外野の守備に
　　　就く。

●つとめる
務める…日本代表を務める。主役
　　　　を務める。
努める…問題解決に努める。療養
　　　　に努める。
勤める…大学に勤める。会社に勤
　　　　める。

●のぞむ
望む…自分の望んだ夢を追いかけ
　　　る。
臨む…記者会見に臨む。決勝に臨
　　　む。

●はかる
計る…時間を計る。将来を計る。
測る…飛行距離を測る。水深を測
　　　る。

●みる
見る…月を見る。ライオンを見る。
診る…患者を診る。脈を診る。

演習問題

1　カタカナで記した部分の漢字として適切なものはどれか。
　1　手続きがハンザツだ　　　　　　【汎雑】
　2　誤りをカンカすることはできない　【観過】
　3　ゲキヤクなので取扱いに注意する　【激薬】
　4　クジュウに満ちた選択だった　　　【苦重】
　5　キセイの基準に従う　　　　　　　【既成】

2 下線部の漢字として適切なものはどれか。

家で飼っている熱帯魚を<u>かんしょう</u>する。

1 干渉
2 観賞
3 感傷
4 勧奨
5 鑑賞

3 下線部の漢字として適切なものはどれか。

彼に責任を<u>ついきゅう</u>する。

1 追窮
2 追究
3 追給
4 追求
5 追及

4 下線部の語句について，両方とも正しい表記をしているものはどれか。

1 私と母とは<u>相生</u>がいい。　・この歌を<u>愛唱</u>している。
2 それは<u>規成</u>の事実である。　・<u>既製</u>品を買ってくる。
3 <u>同音異義</u>語を見つける。　・会議で<u>意議</u>を申し立てる。
4 選挙の<u>大勢</u>が決まる。　・作曲家として<u>大成</u>する。
5 <u>無常</u>の喜びを味わう。　・<u>無情</u>にも雨が降る。

5 下線部の漢字として適切なものはどれか。

彼の体調は<u>かいほう</u>に向かっている。

1 介抱
2 快方
3 解放
4 回報
5 開放

○○○解答・解説○○○

1 5

解説 1 「煩雑」が正しい。「汎」は「汎用(はんよう)」などと使う。
2 「看過」が正しい。「観」は「観光」や「観察」などと使う。 3 「劇薬」
が正しい。「少量の使用であってもはげしい作用のするもの」という意味
であるが「激」を使わないことに注意する。 4 「苦渋」が正しい。苦し
み悩むという意味で,「苦悩」と同意であると考えてよい。 5 「既成概
念」などと使う場合もある。同音で「既製」という言葉があるが,これは
「既製服」や「既製品」という言葉で用いる。

2 2

解説 同音異義語や同訓異字の問題は,その漢字を知っているだけで
は対処できない。「植物や魚などの美しいものを見て楽しむ」場合は「観
賞」を用いる。なお,「芸術作品」に関する場合は「鑑賞」を用いる。

3 5

解説 「ついきゅう」は,特に「追究」「追求」「追及」が頻出である。「追
究」は「あることについて徹底的に明らかにしようとすること」,「追求」
は「あるものを手に入れようとすること」,「追及」は「後から厳しく調べ
ること」という意味である。ここでは,「責任」という言葉の後にあるので,
「厳しく」という意味が含まれている「追及」が適切である。

4 4

解説 1の「相生」は「相性」,2の「規成」は「既成」,3の「意議」は「異
議」,5の「無常」は「無上」が正しい。

5 2

解説 「快方」は「よい方向に向かっている」という意味である。なお,
1は病気の人の世話をすること,3は束縛を解いて自由にすること,4は
複数人で回し読む文書,5は出入り自由として開け放つ,の意味。

熟語

四字熟語

□曖昧模糊　あいまいもこ―はっきりしないこと。

□阿鼻叫喚　あびきょうかん―苦しみに耐えられないで泣き叫ぶこと。はなはだしい惨状を形容する語。

□暗中模索　あんちゅうもさく―暗闇で手さぐりでものを探すこと。様子がつかめずどうすればよいかわからないままやってみること。

□以心伝心　いしんでんしん―無言のうちに心から心に意思が通じ合うこと。

□一言居士　いちげんこじ―何事についても自分の意見を言わなければ気のすまない人。

□一期一会　いちごいちえ―一生のうち一度だけの機会。

□一日千秋　いちじつせんしゅう―一日会わなければ千年も会わないように感じられることから，一日が非常に長く感じられること。

□一念発起　いちねんほっき―決心して信仰の道に入ること。転じてある事を成就させるために決心すること。

□一網打尽　いちもうだじん――網打つだけで多くの魚を捕らえることから，一度に全部捕らえること。

□一獲千金　いっかくせんきん―一時にたやすく莫大な利益を得ること。

□一挙両得　いっきょりょうとく―一つの行動で二つの利益を得ること。

□意馬心猿　いばしんえん―馬が走り，猿が騒ぐのを抑制できないことにたとえ，煩悩や欲望の抑えられないさま。

□意味深長　いみしんちょう―意味が深く含蓄のあること。

□因果応報　いんがおうほう―よい行いにはよい報いが，悪い行いには悪い報いがあり，因と果とは相応じるものであるということ。

□慇懃無礼　いんぎんぶれい―うわべはあくまでも丁寧だが，実は尊大であること。

□有為転変　ういてんぺん―世の中の物事の移りやすくはかない様子のこと。

□右往左往　うおうさおう―多くの人が秩序もなく動き，あっちへ行ったりこっちへ来たり，混乱すること。

□右顧左眄　うこさべん―右を見たり，左を見たり，周囲の様子ばかりう
　　　　　かがっていて決断しないこと。

□有象無象　うぞうむぞう―世の中の無形有形の一切のもの。たくさん集
　　　　　まったつまらない人々。

□海千山千　うみせんやません―経験を積み，その世界の裏まで知り抜い
　　　　　ている老獪な人。

□紆余曲折　うよきょくせつ―まがりくねっていること。事情が込み入っ
　　　　　て，状況がいろいろ変化すること。

□雲散霧消　うんさんむしょう―雲や霧が消えるように，あとかたもなく
　　　　　消えること。

□栄枯盛衰　えいこせいすい―草木が繁り，枯れていくように，盛んになっ
　　　　　たり衰えたりすること。世の中の浮き沈みのこと。

□栄耀栄華　えいようえいが―権力や富貴をきわめ，おごりたかぶること。

□会者定離　えしゃじょうり―会う者は必ず離れる運命をもつというこ
　　　　　と。人生の無常を説いたことば。

□岡目八目　おかめはちもく―局外に立ち，第三者の立場で物事を観察す
　　　　　ると，その是非や損失がよくわかるということ。

□温故知新　おんこちしん―古い事柄を究め新しい知識や見解を得るこ
　　　　　と。

□臥薪嘗胆　がしんしょうたん―たきぎの中に寝，きもをなめる意で，目
　　　　　的を達成するのために苦心，苦労を重ねること。

□花鳥風月　かちょうふうげつ―自然界の美しい風景，風雅のこころ。

□我田引水　がでんいんすい―自分の利益となるように発言したり行動し
　　　　　たりすること。

□画竜点睛　がりょうてんせい―竜を描いて最後にひとみを描き加えたと
　　　　　ころ，天に上ったという故事から，物事を完成させるために
　　　　　最後に付け加える大切な仕上げ。

□夏炉冬扇　かろとうせん―夏の火鉢，冬の扇のようにその場に必要のな
　　　　　い事物。

□危急存亡　ききゅうそんぼう―危機が迫ってこのまま生き残れるか滅び
　　　　　るかの瀬戸際。

□疑心暗鬼　ぎしんあんき―心の疑いが妄想を引き起こして実際にはいな
　　　　　い鬼の姿が見えるようになることから，疑心が起こると何で

もないことまで恐ろしくなること。

□玉石混交　ぎょくせきこんこう―すぐれたものとそうでないものが入り
　　　　　　混じっていること。

□荒唐無稽　こうとうむけい―言葉や考えによりどころがなく，とりとめ
　　　　　　もないこと。

□五里霧中　ごりむちゅう―迷って考えの定まらないこと。

□針小棒大　しんしょうぼうだい―物事を大袈裟にいうこと。

□大同小異　だいどうしょうい―細部は異なっているが総体的には同じで
　　　　　　あること。

□馬耳東風　ばじとうふう―人の意見や批評を全く気にかけず聞き流すこ
　　　　　　と。

□波瀾万丈　はらんばんじょう―さまざまな事件が次々と起き，変化に富
　　　　　　むこと。

□付和雷同　ふわらいどう――定の見識がなくただ人の説にわけもなく賛
　　　　　　同すること。

□粉骨砕身　ふんこつさいしん―力の限り努力すること。

□羊頭狗肉　ようとうくにく―外見は立派だが内容がともなわないこと。

□竜頭蛇尾　りゅうとうだび―初めは勢いがさかんだが最後はふるわない
　　　　　　こと。

□臨機応変　りんきおうへん―時と場所に応じて適当な処置をとること。

演習問題

1 「海千山千」の意味として適切なものはどれか。
　1　様々な経験を積み，世間の表裏を知り尽くしてずる賢いこと
　2　今までに例がなく，これからもあり得ないような非常に珍しいこと
　3　人をだまし丸め込む手段や技巧のこと
　4　一人で千人の敵を相手にできるほど強いこと
　5　広くて果てしないこと

2 四字熟語として適切なものはどれか。
 1 竜頭堕尾
 2 沈思黙考
 3 孟母断危
 4 理路正然
 5 猪突猛伸

3 四字熟語の漢字の使い方がすべて正しいものはどれか。
 1 純真無垢　　青天白日　　疑心暗鬼
 2 短刀直入　　自我自賛　　危機一髪
 3 厚顔無知　　思考錯誤　　言語同断
 4 異句同音　　一鳥一石　　好機当来
 5 意味深長　　興味深々　　五里霧中

4 「一蓮托生」の意味として適切なものはどれか。
 1 一味の者を一度で全部つかまえること。
 2 物事が順調に進行すること。
 3 ほかの事に注意をそらさず，一つの事に心を集中させているさま。
 4 善くても悪くても行動・運命をともにすること。
 5 妥当なものはない。

5 故事成語の意味で適切なものはどれか。
 「塞翁(さいおう)が馬」
 1 たいして差がない
 2 幸不幸は予測できない
 3 肝心なものが欠けている
 4 実行してみれば意外と簡単
 5 努力がすべてむだに終わる

[1] 1

解説　2は「空前絶後」、3は「手練手管」、4は「一騎当千」、5は「広大無辺」である。

[2] 2

解説　2の沈思黙考は,「思いにしずむこと。深く考えこむこと。」の意味である。なお, 1は竜頭蛇尾(始めは勢いが盛んでも, 終わりにはふるわないこと), 3は孟母断機(孟子の母が織りかけの織布を断って, 学問を中途でやめれば, この断機と同じであると戒めた譬え), 4は理路整然(話や議論の筋道が整っていること), 5は猪突猛進(いのししのように向こう見ずに一直線に進むこと)が正しい。

[3] 1

解説　2は「単刀直入」「自画自賛」, 3は「厚顔無恥」「試行錯誤」「言語道断」, 4は「異口同音」「一朝一夕」「好機到来」, 5は「興味津々」が正しい。四字熟語の意味を理解する際, どのような字で書かれているかを意識するとよい。

[4] 4

解説　「一蓮托生」は, よい行いをした者は天国に行き, 同じ蓮の花の上に生まれ変わるという仏教の教えから,「(ことの善悪にかかわらず)仲間として行動や運命をともにすること」をいう。

[5] 2

解説　「塞翁が馬」は「人間万事塞翁が馬」と表す場合もある。1は「五十歩百歩」, 3は「画竜点睛に欠く」, 4は「案ずるより産むが易し」, 5は「水泡に帰する」の故事成語の意味である。

文法

Ⅰ　品詞の種類

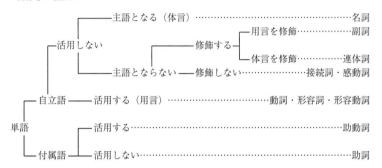

Ⅱ　動詞の活用形

活用	基本	語幹	未然	連用	終止	連体	仮定	命令
五段	読む	読	ま　も	み	む	む	め	め
上一段	見る	見	み	み	みる	みる	みれ	みよ
下一段	捨てる	捨	て	て	てる	てる	てれ	てよ てろ
カ変	来る	来	こ	き	くる	くる	くれ	こい
サ変	する	す	さ　し せ	し	する	する	すれ	せよ しろ
	主な接続語		ナイ ウ・ ヨウ	マス テ・タ	言い 切る	コト トキ	バ	命令

Ⅲ　形容詞の活用形

基本	語幹	未然	連用	終止	連体	仮定	命令
美しい	うつく し	かろ	かっ く	い	い	けれ	○
主な用法		ウ	ナル タ	言い 切る	体言	バ	

Ⅳ　形容動詞の活用形

基本	語幹	未然	連用	終止	連体	仮定	命令
静かだ	静か	だろ	だっ　で に	だ	な	なら	○
主な用法		ウ	タ　アル　ナル	言い 切る	体言	バ	

V　文の成分

主語・述語の関係………花が — 咲いた。
修飾・被修飾の関係……きれいな — 花。
接続の関係………………花が咲いたので，花見をした。
並立の関係………………赤い花と白い花。
補助の関係………………花が咲いている。（二文節で述語となっている）

〈副詞〉自立語で活用せず，単独で文節を作り，多く連用修飾語を作る。

状態を表すもの…………ついに・さっそく・しばらく・ぴったり・すっかり

程度を表すもの…………もっと・すこし・ずいぶん・ちょっと・ずっと
陳述の副詞………………決して〜ない・なぜ〜か・たぶん〜だろう・もし〜ば

〈助動詞〉付属語で活用し，主として用言や他の助動詞について意味を添える。

① 使役……せる・させる（学校に行かせる　服を着させる）
② 受身……れる・られる（先生に怒られる　人に見られる）
③ 可能……れる・られる（歩いて行かれる距離　まだ着られる服）
④ 自発……れる・られる（ふと思い出される　容態が案じられる）
⑤ 尊敬……れる・られる（先生が話される　先生が来られる）
⑥ 過去・完了……た（話を聞いた　公園で遊んだ）
⑦ 打消……ない・ぬ（僕は知らない　知らぬ存ぜぬ）
⑧ 推量……だろう・そうだ（晴れるだろう　晴れそうだ）
⑨ 意志……う・よう（旅行に行こう　彼女に告白しよう）
⑩ 様態……そうだ（雨が降りそうだ）
⑪ 希望……たい・たがる（いっぱい遊びたい　おもちゃを欲しがる）
⑫ 断定……だ（悪いのは相手の方だ）
⑬ 伝聞……そうだ（試験に合格したそうだ）
⑭ 推定……らしい（明日は雨らしい）
⑮ 丁寧……です・ます（それはわたしです　ここにあります）
⑯ 打消推量・打消意志……まい（そんなことはあるまい　けっして言うまい）

〈助詞〉付属語で活用せず，ある語について，その語と他の語との関係を補助したり，意味を添えたりする。

① 格助詞……主として体言に付き，その語と他の語の関係を示す。

→が・の・を・に・へ・と・から・より・で・や

② 副助詞……いろいろな語に付いて，意味を添える。

→は・も・か・こそ・さえ・でも・しか・まで・ばかり・だけ・など

③ 接続助詞……用言・活用語に付いて，上と下の文節を続ける。

→ば・けれども・が・のに・ので・ても・から・たり・ながら

④ 終助詞……文末（もしくは文節の切れ目）に付いて意味を添える。

→なあ（感動）・よ（念押し）・な（禁止）・か（疑問）・ね（念押し）

演習問題

1 次のア〜オのうち，下線部の表現が適切でないものはどれか。

1　彼はいつもまわりに愛嬌をふりまいて，場を和やかにしてくれる。

2　的を射た説明によって，よく理解することができた。

3　舌先三寸で人をまるめこむのではなく，誠実に説明する。

4　この重要な役目は，彼女に白羽の矢が当てられた。

5　二の舞を演じないように，失敗から学ばなくてはならない。

2 次の文について，言葉の用法として適切なものはどれか。

1　矢折れ刀尽きるまで戦う。

2　ヘルプデスクに電話したが「分かりません」と繰り返すだけで取り付く暇もなかった。

3　彼の言動は肝に据えかねる。

4　彼は証拠にもなく何度も賭け事に手を出した。

5　適切なものはない。

3 下線部の言葉の用法として適切なものはどれか。

1　彼はのべつ暇なく働いている。

2　あの人の言動は常軌を失っている。

3　彼女は熱に泳がされている。

4　彼らの主張に対して間髪をいれずに反論した。

5　彼女の自分勝手な振る舞いに顔をひそめた。

4 次の文で，下線部が適切でないものはどれか。
 1 ぼくの目標は，兄より早く走れるようになる<u>こと</u>です。
 2 先生の<u>おっしゃる</u>ことをよく聞くのですよ。
 3 昨日は家で本を読んだり，テレビを<u>見て</u>いました。
 4 風にざわめく木々は，まるで私たちにあいさつをして<u>いるようだっ
   た</u>。
 5 先生の業績については，よく<u>存じております</u>。

5 下線部の言葉の用法が適切でないものはどれか。
 1 <u>急いては事を仕損じる</u>ので，マイペースを心がける。
 2 彼女は<u>目端が利く</u>。
 3 <u>世知辛い</u>世の中になったものだ。
 4 安全を<u>念頭に置いて</u>作業を進める。
 5 次の試験に<u>標準を合わせて</u>勉強に取り組む。

○○○解答・解説○○○

1 4
解説　1の「愛嬌をふりまく」は，おせじなどをいい，明るく振る舞う
こと，2の「的を射る」は的確に要点をとらえること，3の「舌先三寸」は
口先だけの巧みに人をあしらう弁舌のこと，4はたくさんの中から選びだ
されるという意味だが，「白羽の矢が当てられた」ではなく，「白羽の矢
が立った」が正しい。5の「二の舞を演じる」は他人がした失敗を自分も
してしまうという意味である。

2 5
解説　1「刀折れ矢尽きる」が正しく，「なす術がなくなる」という意
味である。　2　話を進めるきっかけが見つからない。すがることができ
ない，という意味になるのは「取り付く島がない」が正しい。　3　「言動」
という言葉から，「我慢できなくなる」という意味の言葉を使う必要があ
る。「腹に据えかねる」が正しい。　4　「何度も賭け事に手を出した」と
いう部分から「こりずに」という意味の「性懲りもなく」が正しい。

3 4

解説　1「のべつ幕なしに」，2は「常軌を逸している」，3は「熱に浮か
されている」，5は「眉をひそめた」が正しい。

4 3

解説　3は前に「読んだり」とあるので，後半も「見たり」にしなけれ
ばならないが，「見ていました」になっているので表現として適当とはい
えない。

5 5

解説　5は，「狙う，見据える」という意味の「照準」を使い，「照準を
合わせて」と表記するのが正しい。

非言語分野

計算式・不等式

演習問題

$\boxed{1}$ 分数 $\dfrac{30}{7}$ を小数で表したとき，小数第100位の数字として正しいものはどれか。

  1 1   2 2   3 4   4 5   5 7

$\boxed{2}$ $x = \sqrt{2} - 1$ のとき，$x + \dfrac{1}{x}$ の値として正しいものはどれか。

  1 $2\sqrt{2}$ 2 $2\sqrt{2} - 2$ 3 $2\sqrt{2} - 1$ 4 $3\sqrt{2} - 3$

  5 $3\sqrt{2} - 2$

$\boxed{3}$ 360の約数の総和として正しいものはどれか。

  1 1060   2 1170   3 1250   4 1280   5 1360

$\boxed{4}$ $\dfrac{x}{2} = \dfrac{y}{3} = \dfrac{z}{5}$ のとき，$\dfrac{x - y + z}{3x + y - z}$ の値として正しいものはどれか。

  1 -2 2 -1 3 $\dfrac{1}{2}$ 4 1   5 $\dfrac{3}{2}$

$\boxed{5}$ $\dfrac{\sqrt{2}}{\sqrt{2} - 1}$ の整数部分を a，小数部分を b とするとき，$a \times b$ の値として正しいものは次のうちどれか。

  1 $\sqrt{2}$ 2 $2\sqrt{2} - 2$ 3 $2\sqrt{2} - 1$ 4 $3\sqrt{2} - 3$

  5 $3\sqrt{2} - 2$

$\boxed{6}$ $x = \sqrt{5} + \sqrt{2}$，$y = \sqrt{5} - \sqrt{2}$ のとき，$x^2 + xy + y^2$ の値として正しいものはどれか。

  1 15   2 16   3 17   4 18   5 19

7 $\dfrac{\sqrt{2}}{\sqrt{2}-1}$ の整数部分を a, 小数部分を b とするとき, b^2 の値として正しいものはどれか。

  1　$2-\sqrt{2}$　　2　$1+\sqrt{2}$　　3　$2+\sqrt{2}$　　4　$3+\sqrt{2}$
  5　$3-2\sqrt{2}$

8 ある中学校の生徒全員のうち, 男子の7.5%, 女子の6.4%を合わせて37人がバドミントン部員であり, 男子の2.5%, 女子の7.2%を合わせて25人が吹奏楽部員である。この中学校の女子全員の人数は何人か。

  1　246人　　2　248人　　3　250人　　4　252人　　5　254人

9 連続した3つの正の偶数がある。その小さい方2数の2乗の和は, 一番大きい数の2乗に等しいという。この3つの数のうち, 最も大きい数として正しいものはどれか。

  1　6　　2　8　　3　10　　4　12　　5　14

○○○解答・解説○○○

1 5

解説　実際に30を7で割ってみると,
$\dfrac{30}{7}=4.28571428571\cdots\cdots$ となり, 小数点以下は, 6つの数字 "285714" が繰り返されることがわかる。$100\div6=16$ 余り 4 だから, 小数第 100 位は, "285714" のうちの4つ目の "7" である。

2 1

解説　$x=\sqrt{2}-1$ を $x+\dfrac{1}{x}$ に代入すると,

$$x+\frac{1}{x}=\sqrt{2}-1+\frac{1}{\sqrt{2}-1}=\sqrt{2}-1+\frac{\sqrt{2}+1}{(\sqrt{2}-1)(\sqrt{2}+1)}$$
$$=\sqrt{2}-1+\frac{\sqrt{2}+1}{2-1}$$
$$=\sqrt{2}-1+\sqrt{2}+1=2\sqrt{2}$$

3 2

3 2

解説 360を素因数分解すると，$360 = 2^3 \times 3^2 \times 5$ であるから，約数の総和は $(1 + 2 + 2^2 + 2^3)(1 + 3 + 3^2)(1 + 5) = (1 + 2 + 4 + 8)(1 + 3 + 9)(1 + 5) = 15 \times 13 \times 6 = 1170$ である。

4 4

解説 $\dfrac{x}{2} = \dfrac{y}{3} = \dfrac{z}{5} = A$ とおく。

$x = 2A$, $y = 3A$, $z = 5A$ となるから，

$x - y + z = 2A - 3A + 5A = 4A$, $3x + y - z = 6A + 3A - 5A = 4A$

したがって，$\dfrac{x - y + z}{3x + y - z} = \dfrac{4A}{4A} = 1$ である。

5 4

解説 分母を有理化する。

$\dfrac{\sqrt{2}}{\sqrt{2} - 1} = \dfrac{\sqrt{2}(\sqrt{2} + 1)}{(\sqrt{2} - 1)(\sqrt{2} + 1)} = \dfrac{2 + \sqrt{2}}{2 - 1} = 2 + \sqrt{2} = 2 + 1.414\cdots = 3.414\cdots$

であるから，$a = 3$ であり，$b = (2 + \sqrt{2}) - 3 = \sqrt{2} - 1$ となる。

したがって，$a \times b = 3(\sqrt{2} - 1) = 3\sqrt{2} - 3$

6 3

解説 $(x + y)^2 = x^2 + 2xy + y^2$ であるから，

$x^2 + xy + y^2 = (x + y)^2 - xy$ と表せる。

ここで，$x + y = (\sqrt{5} + \sqrt{2}) + (\sqrt{5} - \sqrt{2}) = 2\sqrt{5}$，

$xy = (\sqrt{5} + \sqrt{2})(\sqrt{5} - \sqrt{2}) = 5 - 2 = 3$

であるから，求める $(x + y)^2 - xy = (2\sqrt{5})^2 - 3 = 20 - 3 = 17$

7 5

解説 分母を有理化すると，

$\dfrac{\sqrt{2}}{\sqrt{2} - 1} = \dfrac{\sqrt{2}(\sqrt{2} + 1)}{(\sqrt{2} - 1)(\sqrt{2} + 1)} = \dfrac{2 + \sqrt{2}}{2 - 1} = 2 + \sqrt{2}$

$\sqrt{2} = 1.4142\cdots\cdots$ であるから，$2 + \sqrt{2} = 2 + 1.4142\cdots\cdots = 3.14142\cdots\cdots$

したがって，$a = 3$，$b = 2 + \sqrt{2} - 3 = \sqrt{2} - 1$ といえる。

したがって，$b^2 = (\sqrt{2} - 1)^2 = 2 - 2\sqrt{2} + 1 = 3 - 2\sqrt{2}$ である。

8 3

解説 男子全員の人数をx，女子全員の人数をyとする。

$0.075x + 0.064y = 37 \cdots ①$

$0.025x + 0.072y = 25 \cdots ②$

①$-$②$\times 3$ より

$$\begin{array}{r} \left\{ \begin{array}{l} 0.075x + 0.064y = 37 \cdots ① \\ 0.075x + 0.216y = 75 \cdots ②' \end{array} \right. \\ \hline -0.152y = -38 \end{array}$$

$\therefore \quad 152y = 38000 \qquad \therefore \quad y = 250 \quad x = 280$

よって，女子全員の人数は250人。

9 3

解説 3つのうちの一番小さいものを$x\,(x>0)$とすると，連続した3つの正の偶数は，x, $x+2$, $x+4$ であるから，与えられた条件より，次の式が成り立つ。$x^2 + (x+2)^2 = (x+4)^2$ かっこを取って，$x^2 + x^2 + 4x + 4 = x^2 + 8x + 16$ 整理して，$x^2 - 4x - 12 = 0$ よって，$(x+2)(x-6) = 0$ よって，$x = -2, 6$ $x > 0$だから，$x = 6$ である。したがって，3つの偶数は，6, 8, 10である。このうち最も大きいものは，10である。

演習問題

1 家から駅までの道のりは30kmである。この道のりを，初めは時速5km，途中から，時速4kmで歩いたら，所要時間は7時間であった。時速5kmで歩いた道のりとして正しいものはどれか。

　　1　8km　　2　10km　　3　12km　　4　14km　　5　15km

2 横の長さが縦の長さの2倍である長方形の厚紙がある。この厚紙の四すみから，一辺の長さが4cmの正方形を切り取って，折り曲げ，ふたのない直方体の容器を作る。その容積が64cm³のとき，もとの厚紙の縦の長さとして正しいものはどれか。

　　1　$6 - 2\sqrt{3}$　　2　$6 - \sqrt{3}$　　3　$6 + \sqrt{3}$　　4　$6 + 2\sqrt{3}$
　　5　$6 + 3\sqrt{3}$

3 縦50m，横60mの長方形の土地がある。この土地に，図のような直角に交わる同じ幅の通路を作る。通路の面積を土地全体の面積の $\frac{1}{3}$ 以下にするには，通路の幅を何m以下にすればよいか。

　　1　8m　　2　8.5m　　3　9m　　4　10m
　　5　10.5m

4 下の図のような，曲線部分が半円で，1周の長さが240mのトラックを作る。中央の長方形ABCDの部分の面積を最大にするには，直線部分ADの長さを何mにすればよいか。次から選べ。

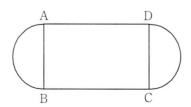

　　1　56m　　2　58m　　3　60m　　4　62m　　5　64m

5 AとBの２つのタンクがあり，Aには8m³，Bには5m³の水が入っている。Aには毎分1.2m³，Bには毎分0.5m³ずつの割合で同時に水を入れ始めると，Aの水の量がBの水の量の２倍以上になるのは何分後からか。正しいものはどれか。

　　1　8分後　　2　9分後　　3　10分後　　4　11分後　　5　12分後

〇〇〇解答・解説〇〇〇

1 2

解説　時速5kmで歩いた道のりを$x$kmとすると，時速4kmで歩いた道のりは，$(30-x)$kmであり，時間＝距離÷速さ であるから，次の式が成り立つ。

$$\frac{x}{5}+\frac{30-x}{4}=7$$

両辺に20をかけて，$4x+5(30-x)=7\times20$

整理して，$4x+150-5x=140$

　よって，$x=10$ である。

2 4

解説　厚紙の縦の長さを$x$cmとすると，横の長さは$2x$cmである。また，このとき，容器の底面は，縦$(x-8)$cm，横$(2x-8)$cmの長方形で，容器の高さは4cmである。

厚紙の縦，横，及び，容器の縦，横の長さは正の数であるから，

　$x>0$，$x-8>0$，$2x-8>0$

すなわち，$x>8$……①

容器の容積が64cm³であるから，

$4(x-8)(2x-8)=64$ となり，

　$(x-8)(2x-8)=16$

これより，$(x-8)(x-4)=8$

$x^2-12x+32=8$ となり，$x^2-12x+24=0$

よって，$x=6\pm\sqrt{6^2-24}=6\pm\sqrt{12}=6\pm2\sqrt{3}$

このうち①を満たすものは，$x=6+2\sqrt{3}$

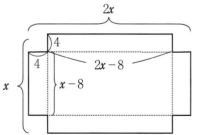

$\boxed{3}$ 4

解説 通路の幅をxmとすると，$0<x<50$……①
また，$50x+60x-x^2\leqq1000$
よって，$(x-10)(x-100)\geqq0$
したがって，$x\leqq10$，$100\leqq x$……②
①②より，$0<x\leqq10$　つまり，10m以下。

$\boxed{4}$ 3

解説 直線部分ADの長さをxmとおくと，$0<2x<240$より，
xのとる値の範囲は，$0<x<120$である。

半円の半径をrmとおくと，
$2\pi r=240-2x$より，
$$r=\frac{120}{\pi}-\frac{x}{\pi}=\frac{1}{\pi}(120-x)$$
長方形ABCDの面積をym²とすると，
$$y=2r\cdot x=2\cdot\frac{1}{\pi}(120-x)x$$
$$=-\frac{2}{\pi}(x^2-120x)$$
$$=-\frac{2}{\pi}(x-60)^2+\frac{7200}{\pi}$$

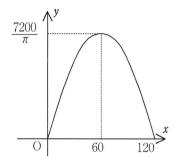

この関数のグラフは，図のようになる。yは$x=60$のとき最大となる。

$\boxed{5}$ 3

解説 x分後から2倍以上になるとすると，題意より次の不等式が成り立つ。

$$8+1.2x\geqq2(5+0.5x)$$
かっこをはずして，$8+1.2x\geqq10+x$
整理して，$0.2x\geqq2$　よって，$x\geqq10$
つまり10分後から2倍以上になる。

組み合わせ・確率

演習問題

1 1個のさいころを続けて3回投げるとき，目の和が偶数になるような場合は何通りあるか。正しいものを選べ。
  1　106通り　　　2　108通り　　　3　110通り　　　4　112通り
  5　115通り

2 A，B，C，D，E，Fの6人が2人のグループを3つ作るとき，AとBが同じグループになる確率はどれか。正しいものを選べ。
  1　$\dfrac{1}{6}$　　2　$\dfrac{1}{5}$　　3　$\dfrac{1}{4}$　　4　$\dfrac{1}{3}$　　5　$\dfrac{1}{2}$

○○○解答・解説○○○

1 2

解説　和が偶数になるのは，3回とも偶数の場合と，偶数が1回で，残りの2回が奇数の場合である。さいころの目は，偶数と奇数はそれぞれ3個だから，

(1)　3回とも偶数：$3 \times 3 \times 3 = 27$〔通り〕
(2)　偶数が1回で，残りの2回が奇数
  ・偶数/奇数/奇数：$3 \times 3 \times 3 = 27$〔通り〕
  ・奇数/偶数/奇数：$3 \times 3 \times 3 = 27$〔通り〕
  ・奇数/奇数/偶数：$3 \times 3 \times 3 = 27$〔通り〕

したがって，合計すると，$27 + (27 \times 3) = 108$〔通り〕である。

2 2

解説　A，B，C，D，E，Fの6人が2人のグループを3つ作るときの，すべての作り方は$\dfrac{{}_6C_2 \times {}_4C_2}{3!} = 15$通り。このうち，AとBが同じグループになるグループの作り方は$\dfrac{{}_4C_2}{2!} = 3$通り。よって，求める確率は$\dfrac{3}{15} = \dfrac{1}{5}$である。

演習問題

1 次の図で，直方体ABCD－EFGHの辺 AB，BCの中点をそれぞれ M，Nとする。この直方体を3点M，F，Nを通る平面で切り，頂点B を含むほうの立体をとりさる。AD＝DC ＝8cm，AE＝6cmのとき，△MFNの 面積として正しいものはどれか。

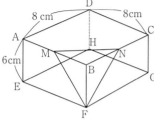

1 $3\sqrt{22}$ 〔cm²〕　　2 $4\sqrt{22}$ 〔cm²〕
3 $5\sqrt{22}$ 〔cm²〕　　4 $4\sqrt{26}$ 〔cm²〕
5 $4\sqrt{26}$ 〔cm²〕

2 右の図において，四角形ABCDは円に内 接しており，弧BC＝弧CDである。AB，AD の延長と点Cにおけるこの円の接線との交点 をそれぞれP，Qとする。AC＝4cm，CD＝ 2cm，DA＝3cmとするとき，△BPCと△ APQの面積比として正しいものはどれか。

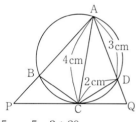

1 1：5　　2 1：6　　3 1：7　　4 2：15　　5 3：20

3 1辺の長さが15のひし形がある。その対角線の長さの差は6である。 このひし形の面積として正しいものは次のどれか。

1 208　　2 210　　3 212　　4 214　　5 216

4 右の図において，円C_1の 半径は2，円C_2の半径は5，2 円の中心間の距離は$O_1O_2＝9$ である。2円の共通外接線lと2 円C_1, C_2との接点をそれぞれA, Bとするとき，線分ABの長さ として正しいものは次のどれ か。

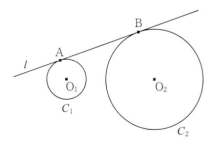

1 $3\sqrt{7}$　　2 8　　3 $6\sqrt{2}$　　4 $5\sqrt{3}$　　5 $4\sqrt{5}$

5 下の図において，点Eは，平行四辺形ABCDの辺BC上の点で，AB
＝AEである。また，点Fは，線分AE上の点で，∠AFD＝90°である。
∠ABE＝70°のとき，∠CDFの大きさとして正しいものはどれか。

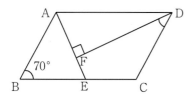

1 48°　　2 49°　　3 50°　　4 51°　　5 52°

6 底面の円の半径が4で，母線の長さが
12の直円すいがある。この円すいに内接
する球の半径として正しいものは次のど
れか。

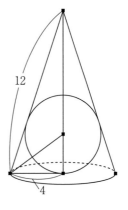

1 $2\sqrt{2}$

2 3

3 $2\sqrt{3}$

4 $\dfrac{8}{3}\sqrt{2}$

5 $\dfrac{8}{3}\sqrt{3}$

○○○解答・解説○○○

1 2

解説 △MFNはMF＝NFの二等辺三角形。MB＝$\dfrac{8}{2}$＝4，BF＝6より，
MF²＝4²＋6²＝52

また，MN＝$4\sqrt{2}$

FからMNに垂線FTを引くと，△MFTで三平方の定理より，

$FT^2 = MF^2 - MT^2 = 52 - \left(\dfrac{4\sqrt{2}}{2}\right)^2 = 52 - 8 = 44$

よって，FT＝$\sqrt{44}$＝$2\sqrt{11}$

したがって，△MFN＝$\dfrac{1}{2}$・$4\sqrt{2}$・$2\sqrt{11}$＝$4\sqrt{22}$〔cm²〕

2️⃣ 3

解説 ∠PBC＝∠CDA，∠PCB＝∠BAC＝∠CADから，

△BPC∽△DCA

相似比は2：3，面積比は，4：9

また，△CQD∽△AQCで，相似比は1：2，面積比は1：4

したがって，△DCA：△AQC＝3：4

よって，△BPC：△DCA：△AQC＝4：9：12

さらに，△BPC∽△CPAで，相似比1：2，面積比1：4

よって，△BPC：△APQ＝4：(16＋12)＝4：28＝1：7

3️⃣ 5

解説 対角線のうちの短い方の長さの半分の長さをxとすると，長い方の対角線の長さの半分は，$(x＋3)$と表せるから，三平方の定理より次の式がなりたつ。

$$x^2 + (x+3)^2 = 15^2$$

整理して，$2x^2 + 6x - 216 = 0$　よって，$x^2 + 3x - 108 = 0$

$(x-9)(x+12) = 0$より，$x = 9, -12$　xは正だから，$x = 9$である。

したがって，求める面積は，$4 \times \dfrac{9 \times (9+3)}{2} = 216$

4️⃣ 5

解説 円の接線と半径より
$O_1A \perp l$，$O_2B \perp l$であるから，
点O_1から線分O_2Bに垂線O_1Hを
下ろすと，四角形AO_1HBは長方
形で，

$HB = O_1A = 2$だから，

$O_2H = 3$

△O_1O_2Hで三平方の定理より，

$O_1H = \sqrt{9^2 - 3^2} = 6\sqrt{2}$

よって，$AB = O_1H = 6\sqrt{2}$

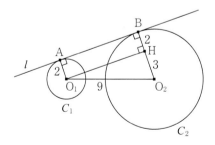

5 3

解説 ∠AEB = ∠ABE = 70°より，∠AEC = 180 − 70 = 110°

また，∠ABE + ∠ECD = 180°より，∠ECD = 110°

四角形FECDにおいて，四角形の内角の和は360°だから，

∠CDF = 360° − (90° + 110° + 110°) = 50°

6 1

解説 円すいの頂点をA，球の中心を
O，底面の円の中心をHとする。3点A, O,
Hを含む平面でこの立体を切断すると，
断面は図のような二等辺三角形とその内
接円であり，求めるものは内接円の半径
OHである。

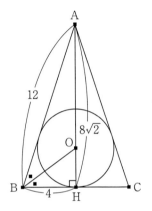

△ABHで三平方の定理より，

AH=$\sqrt{12^2 - 4^2}$ = $8\sqrt{2}$

Oは三角形ABCの内心だから，BO
は∠ABHの2等分線である。

よって，AO : OH = BA : BH = 3 : 1

OH = $\frac{1}{4}$ AH = $2\sqrt{2}$

推理・推論

演習問題

1 O市，P市，Q市の人口密度（1km²あたりの人口）を下表に示して
ある，O市とQ市の面積は等しく，Q市の面積はP市の2倍である。

市	人口密度
O	390
P	270
Q	465

このとき，次の推論ア，イの正誤として，正しいものはどれか。
    ア　P市とQ市を合わせた地域の人口密度は300である
    イ　P市の人口はQ市の人口より多い
        1　アもイも正しい
        2　アは正しいが，イは誤り
        3　アは誤りだが，イは正しい
        4　アもイも誤り
        5　アもイもどちらとも決まらない

2 2から10までの数を1つずつ書いた9枚のカードがある。A，B，C
の3人がこの中から任意の3枚ずつを取ったところ，Aの取ったカード
に書かれていた数の合計は15で，その中には，5が入っていた。Bの取っ
たカードに書かれていた数の合計は16で，その中には，8が入っていた。
Cの取ったカードに書かれていた数の中に入っていた数の1つは，次の
うちのどれか。
    1　2　　2　3　　3　4　　4　6　　5　7

3 体重の異なる8人が，シーソーを使用して，一番重い人と2番目に
重い人を選び出したい。シーソーでの重さ比べを，少なくとも何回行わ
なければならないか。ただし，シーソーには両側に1人ずつしか乗らない
ものとする。
    1　6回　　2　7回　　3　8回　　4　9回　　5　10回

4 A〜Fの6人がゲーム大会をして，優勝者が決定された。このゲーム大会の前に6人は，それぞれ次のように予想を述べていた。予想が当たったのは2人のみで，あとの4人ははずれであった。予想が当たった2人の組み合わせとして正しいものはどれか。

A 「優勝者は，私かCのいずれかだろう。」
B 「優勝者は，Aだろう。」
C 「Eの予想は当たるだろう。」
D 「優勝者は，Fだろう。」
E 「優勝者は，私かFのいずれかだろう。」
F 「Aの予想ははずれるだろう。」

  1 A, B   2 A, C   3 B, D   4 C, D   5 D, E

5 ある会合に参加した人30人について調査したところ，傘を持っている人，かばんを持っている人，筆記用具を持っている人の数はすべて1人以上29人以下であり，次の事実がわかった。
  ⅰ）傘を持っていない人で，かばんを持っていない人はいない。
  ⅱ）筆記用具を持っていない人で，かばんを持っている人はいない。
このとき，確実に言えるのは次のどれか。
  1 かばんを持っていない人で，筆記用具を持っている人はいない。
  2 傘を持っている人で，かばんを持っている人はいない。
  3 筆記用具を持っている人で，傘を持っている人はいない。
  4 傘を持っていない人で，筆記用具を持っていない人はいない。
  5 かばんを持っている人で，傘を持っている人はいない。

6 次A, B, C, D, Eの5人が，順に赤，緑，白，黒，青の5つのカードを持っている。また赤，緑，白，黒，青の5つのボールがあり，各人がいずれか1つのボールを持っている。各自のカードの色とボールの色は必ずしも一致していない。持っているカードの色とボールの色の組み合わせについてア，イのことがわかっているとき，Aの持っているボールの色は何色か。ただし，以下でXとY 2人の色の組み合わせが同じであるとは，「Xのカード，ボールの色が，それぞれYのボール，カードの色と一致」していることを意味する。

  ア　CとEがカードを交換すると，CとDの色の組み合わせだけが同じになる。
  イ　BとDがボールを交換すると，BとEの色の組み合わせだけが同じ

になる。

1 青　　2 緑　　3 黒　　4 赤　　5 白

○○○解答・解説○○○

1 3

解説 「O市とQ市の面積は等しく，Q市の面積はP市の2倍」ということから，仮にO市とQ市の面積を1km²，P市の面積を2km²と考える。

ア…P市の人口は270×2＝540人，Q市の人口は465×1＝465人で，2つの市を合わせた地域の面積は3km²なので，人口密度は，（540＋465）÷3＝335人になる。

イ…P市の人口は540人，Q市は465人なので，P市の方が多いので正しいといえる。

よって推論アは誤りだが，推論イは正しい。

よって正解は3である。

2 3

解説 まず，Bが取った残りの2枚のカードに書かれていた数の合計は，16－8＝8である。したがって2枚のカードはどちらも6以下である。ところが「5」はAが取ったカードにあるから除くと，「2」，「3」，「4」，「6」の4枚となるが，この中で2数の和が8になるのは，「2」と「6」しかない。

次にAが取った残りの2枚のカードに書かれていた数の合計は，15－5＝10である。したがって2枚のカードはどちらも8以下である。この中で，すでにA自身やBが取ったカードを除くと「3」，「4」，「7」の3枚となるが，この中で2数の和が10になるのは，「3」と「7」のみである。

以上のことから，Cの取った3枚のカードは，AとBが取った残りの「4」「9」「10」である。

3 4

解説 全員の体重が異なるのだから，1人ずつ比較するしかない。したがって一番重い人を見つけるには，8チームによるトーナメント試合数，すなわち8－1＝7（回）でよい。図

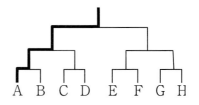

は8人をA～Hとしてその方法を表したもので，Aが最も重かった場合である。次に2番目に重い人の選び出し方であるが，2番目に重い人の候補になるのは，図でAと比較してAより軽いと判断された3人である。すなわち最初に比較したBと，2回目に比較したC，Dのうちの重い方と，最後にAと比較したE～Hの中で一番重い人の3人である。そしてこの3人の中で一番重い人を見つける方法は2回でよい。結局，少なくとも7＋2＝9（回）の重さ比べが必要であるといえる。

4 1

解説　下の表は，縦の欄に優勝したと仮定した人。横の欄に各人の予想が当たったか（○）はずれたか（×）を表したものである。

	A	B	C	D	E	F
A	○	○	×	×	×	×
B	×	×	×	×	×	○
C	○	×	×	×	×	×
D	×	×	×	×	×	×
E	×	×	○	×	○	○
F	×	×	○	○	○	○

「予想が当たったのは，2人のみ」という条件を満たすのは，Aが優勝したと仮定したときのAとBのみである。よって，1が正しい。

5 3

解説　ⅰ）ⅱ）より集合の包含関係は図のようになっている。

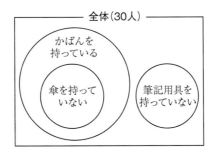

図より，傘を持っていない人の集合と，筆記用具を持っていない人の集

合の共通部分は空集合であり，選択肢1，2，3，5については必ずしも空集合とは限らない。

したがって，確実に言えるのは「傘を持っていない人で，筆記用具を持っていない人はいない」のみである。

⑥ 5

解説 最初の状態は，

	A	B	C	D	E
カード	赤	緑	白	黒	青

まずアより，EとCがカードを交換した場合，CとDの色の組み合わせだけが同じになることから，ボールの色が次のように決まる。

	A	B	C	D	E
カード	赤	緑	青	黒	白
ボール			黒	青	

つまり，Cのボールが黒，Dのボールが青と決まる。
カード交換前のカードの色で表すと，

	A	B	C	D	E
カード	赤	緑	白	黒	青
ボール			黒	青	

さらにイより，BとDがボールを交換すると，BとEの色の組み合わせだけが同じになることから，Eのボールの色が緑ときまる。つまり，

	A	B	C	D	E
カード	赤	緑	白	黒	青
ボール			黒	青	緑

ここで，Bのボールの色が白だとすると，Dとボールを交換したときに，CとDが黒と白で同じ色の組み合わせになってしまう。したがって，Aのボールの色が白，Bのボールの色が赤といえる。

つまり，次のように決まる。

	A	B	C	D	E
カード	赤	緑	白	黒	青
ボール	白	赤	黒	青	緑

●情報提供のお願い●

　就職活動研究会では，就職活動に関する情報を募集していま
す。
　エントリーシートやグループディスカッション，面接，筆記
試験の内容等について情報をお寄せください。ご応募はメール
アドレス（edit@kyodo-s.jp）へお願いいたします。お送りくださ
いました方々には薄謝をさしあげます。
　ご協力よろしくお願いいたします。

会社別就活ハンドブックシリーズ

山崎製パンの
就活ハンドブック

編　者	就職活動研究会
発　行	令和 6 年 2 月 25 日
発行者	小貫輝雄
発行所	協同出版株式会社

〒 101 - 0054
東京都千代田区神田錦町 2 - 5
　電話　03 - 3295 - 1341
　振替　東京00190 - 4 - 94061

印刷所　協同出版・POD 工場

落丁・乱丁はお取り替えいたします

●2025年度版●
会社別就活ハンドブックシリーズ
【全111点】

運　輸

東日本旅客鉄道の就活ハンドブック

東海旅客鉄道の就活ハンドブック

西日本旅客鉄道の就活ハンドブック

東京地下鉄の就活ハンドブック

小田急電鉄の就活ハンドブック

阪急阪神 HD の就活ハンドブック

商船三井の就活ハンドブック

日本郵船の就活ハンドブック

機　械

三菱重工業の就活ハンドブック

川崎重工業の就活ハンドブック

IHI の就活ハンドブック

島津製作所の就活ハンドブック

浜松ホトニクスの就活ハンドブック

村田製作所の就活ハンドブック

クボタの就活ハンドブック

金　融

三菱 UFJ 銀行の就活ハンドブック

三菱 UFJ 信託銀行の就活ハンドブック

みずほ FG の就活ハンドブック

三井住友銀行の就活ハンドブック

三井住友信託銀行の就活ハンドブック

野村證券の就活ハンドブック

りそなグループの就活ハンドブック

ふくおか FG の就活ハンドブック

日本政策投資銀行の就活ハンドブック

建設・不動産

三菱地所の就活ハンドブック

三井不動産の就活ハンドブック

積水ハウスの就活ハンドブック

大和ハウス工業の就活ハンドブック

鹿島建設の就活ハンドブック

大成建設の就活ハンドブック

清水建設の就活ハンドブック

資源・素材

旭旭化成グループの就活ハンドブック

東レの就活ハンドブック

ワコールの就活ハンドブック

関西電力の就活ハンドブック

日本製鉄の就活ハンドブック

中部電力の就活ハンドブック

九州電力の就活ハンドブック

自動車

トヨタ自動車の就活ハンドブック

デンソーの就活ハンドブック

本田技研工業の就活ハンドブック

日産自動車の就活ハンドブック

商　社

三菱商事の就活ハンドブック

伊藤忠商事の就活ハンドブック

住友商事の就活ハンドブック

双日の就活ハンドブック

丸紅の就活ハンドブック

豊田通商の就活ハンドブック

三井物産の就活ハンドブック

情報通信・IT

NTT データの就活ハンドブック

サイバーエージェントの就活ハンドブック

NTT ドコモの就活ハンドブック

LINE ヤフーの就活ハンドブック

野村総合研究所の就活ハンドブック

SCSK の就活ハンドブック

日本電信電話の就活ハンドブック

富士ソフトの就活ハンドブック

KDDI の就活ハンドブック

日本オラクルの就活ハンドブック

ソフトバンクの就活ハンドブック

GMO インターネットグループ

楽天の就活ハンドブック

オービックの就活ハンドブック

mixi の就活ハンドブック

DTS の就活ハンドブック

グリーの就活ハンドブック

TIS の就活ハンドブック

食品・飲料

サントリー HD の就活ハンドブック

日本たばこ産業 の就活ハンドブック

味の素の就活ハンドブック

日清食品グループの就活ハンドブック

キリン HD の就活ハンドブック

山崎製パンの就活ハンドブック

アサヒグループ HD の就活ハンドブック

キユーピーの就活ハンドブック

生活用品

資生堂の就活ハンドブック

武田薬品工業の就活ハンドブック

花王の就活ハンドブック

電気機器

三菱電機の就活ハンドブック	パナソニックの就活ハンドブック
ダイキン工業の就活ハンドブック	富士通の就活ハンドブック
ソニーの就活ハンドブック	キヤノンの就活ハンドブック
日立製作所の就活ハンドブック	京セラの就活ハンドブック
ＮＥＣの就活ハンドブック	オムロンの就活ハンドブック
富士フイルム HD の就活ハンドブック	キーエンスの就活ハンドブック

保　険

東京海上日動火災保険の就活ハンドブック	三井住友海上火災保険の就活ハンドブック
第一生命ホールディングスの就活ハンドブック	損保ジャパンの就活ハンドブック

メディア

日本印刷の就活ハンドブック	エイベックスの就活ハンドブック
博報堂 DY の就活ハンドブック	東宝の就活ハンドブック
TOPPAN ホールディングスの就活ハンドブック	

流通・小売

ニトリ HD の就活ハンドブック	ZOZO の就活ハンドブック
イオンの就活ハンドブック	

エンタメ・レジャー

オリエンタルランドの就活ハンドブック	任天堂の就活ハンドブック
アシックスの就活ハンドブック	カプコンの就活ハンドブック
バンダイナムコ HD の就活ハンドブック	セガサミー HD の就活ハンドブック
コナミグループの就活ハンドブック	タカラトミーの就活ハンドブック
スクウェア・エニックス HD の就活ハンドブック	

▼会社別就活ハンドブックシリーズにつきましては，協同出版のホームページからもご注文ができます。詳細は下記のサイトでご確認下さい。

https://kyodo-s.jp/examination_company